Topos Taschenbücher
Band 170

Gisbert Greshake

Erlöst in einer unerlösten Welt?

Topos Taschenbücher

CIP-Kurztitelaufnahme der Deutschen Bibliothek

Greshake, Gisbert:
Erlöst in einer unerlösten Welt? /
Gisbert Greshake. – Mainz: Matthias-Grünewald-Verl., 1987.
 (Topos-Taschenbücher; Bd. 170)
 ISBN 3-7867-1314-6

NE: GT

© 1987. Matthias-Grünewald-Verlag, Mainz
Satz: Georg Aug. Walter's Druckerei GmbH,
6228 Eltville am Rhein
Druck und Bindung: Clausen & Bosse, Leck

Inhalt

Vorwort 9

I. Hinführung
   1. „Da ist keine Erlösung!" 11
   2. Zwei Antworten aus der Geschichte 12
      a. „Alle Herrlichkeit ist innerlich" 13
      b. „Ich habe keine anderen Hände als die eueren" 21
   3. Vielfalt der Verstehensweisen – Vielfalt der Fragen 26

II. Communio – der Urgedanke des Schöpfers
   1. Der Ruf zur Communio 29
      a. Leben in Fülle als Ziel des Menschen 29
      b. Erste Konsequenz: Der Mensch – ein relationales Wesen 33
      c. Zweite Konsequenz: Die Herausforderung der Freiheit 36
   2. Nach-Denkendes über das communiale Wesen des Menschen 40

III. Sünde – Verweigerung von Communio
   1. Sündenerfahrung heute 55
   2. Wesenszüge der Sünde 58
      a. „Das in sich gekrümmte Herz" 58
      b. Sünde als Zu-kurz-Greifen 62
      c. Die gesellschaftliche Dimension der Sünde . 65
      d. Sünde als „Erbsünde" 69
   3. Misere der Welt oder Sündenstrafe? 71
   4. Keine Selbsterlösung 76

IV.	Erlösung als neue Communio-Stiftung	
	1. Communio als „Programm" Jesu	80
	2. Erlösung durch Sühne	85
	a. Die verdrängte Sühne-Thematik	85
	b. Das Wesen der Sühne	90
	3. Der neutestamentliche Bußruf	94
	4. Stellvertretende Sühne durch Jesus	98
	5. Stellvertreter, nicht Ersatzmann	104
	6. Die Befähigung zur Praxis erlösten Lebens	108
	7. Nach-Denkendes zur Struktur der geschehenen Erlösung	113
V.	Die Wirklichkeit der Erlösung als communiale Praxis	
	1. Erlösung – ihr Wesen und ihre Realisierung durch Praxis	122
	a. Erste Antwort und weiterführende Fragen	122
	b. Gott gibt: zu tun	124
	2. Nach-Denkendes zur Struktur erlöst-erlösender Praxis	127
	3. Kirche als Ur-Darstellung der Erlösung	133
	4. Erlöste Praxis	139
	a. Praxis des Glaubens	139
	b. Praxis der Hoffnung	146
	c. Praxis der Liebe	156

Ausklang
Noch einmal: Die Kirche als Zeichen der Erlösung 162

Bibliographische Hinweise 165

Hinweis:
Neben den selbstverständlichen und eingebürgerten Abkürzungen sind folgende Siglen verwendet:

CDH   Anselm v. Canterbury, Cur Deus Homo.

NHThG Neues Handbuch theologischer Grundbegriffe, hrg. v. P. Eicher, München 1984/85.

RH   Enzyklika „Redemptor Hominis" von Johannes Paul II.

Vorwort

Der Grundtext dieses Büchleins wurde für verschiedene Veranstaltungen im Rahmen theologischer Fortbildungs- und Akademietagungen verfaßt. Damit ist gegeben, daß es hier nicht um eine umfassende Darstellung der Erlösungslehre und schon gar nicht um eine für Fachtheologen gedachte Untersuchung geht. Die Absicht war und ist bescheidener: die in Schrift und Tradition überlieferten Erlösungsaussagen für interessierte Zeitgenossen verständlich zu machen, damit sie wenigstens ansatzweise für heutige Problemstellungen und die eigene Lebenspraxis fruchtbar werden können. Dabei ist einigen überlieferten Begriffen wie Sünde, Sühne, Stellvertretung, die – eng mit der überkommenen Erlösungslehre verbunden – heute nur schwer verstehbar und kaum noch plausibel sind, besondere Aufmerksamkeit gewidmet. Da ich mich schon früher in zahlreichen Veröffentlichungen mit der Frage der Erlösung und verwandten Themen befaßt habe (siehe den bibliographischen Anhang), konnte hier auf einen wissenschaftlichen Apparat, weit ausholende Begründungen und genauere Belege verzichtet werden. Wer sich für Einzelheiten und weitere Erläuterungen interessiert, sei auf die genannten Publikationen verwiesen, aus denen im übrigen Gedanken, Verstehenszusammenhänge und gelegentlich auch wörtliche Passagen in das vorliegende Büchlein mit eingeflossen sind. Gegenüber diesen früheren Veröffentlichungen habe ich hier allerdings die Idee der Freiheit als Gehalt und Ziel von Erlösung vertieft, indem ich sie unter dem Leitgedanken der „Communio" weitergeführt habe.
Im allgemeinen sind Gedankenführung und Sprachform der Darlegung vom überlieferten christlichen Glauben her bestimmt. Doch wird an einigen zentralen Stellen der Versuch unternommen, den Gehalt dieses Glaubens auch denkerisch

zugänglich und einsichtig zu machen. Da diese Abschnitte (II,2; IV,7; V,2) in gewisser Weise den Gedankengang unterbrechen, können sie ohne Nachteile für die Kenntnis des Ganzen überschlagen werden.

Zur genaueren Themenstellung sei noch folgendes vermerkt: Wenn hier über Erlösung gehandelt wird, so geht es um Erlösung *im engeren Wortsinn*. Es wird nicht umfassend von all dem die Rede sein, was im jüdisch-christlichen Glauben mit „Heil" bezeichnet wird, sondern es geht vornehmlich um *jenes* „Heil", das sich unter den Bedingungen der Sünde und des Todes angesichts so vieler zerstörter, sinnloser und verzweifelter Leben in einer zerrissenen, friedlosen und chaotischen Wirklichkeit *dennoch* Bahn bricht, um *jenes* Heil also, das vom Bösen, Dunklen und Sinnleeren zu neuem Leben und Sinn, zu neuer Hoffnung und glückender Gemeinschaft befreit. Im Wort Erlösung ist ja eine Bewegung thematisiert: *los* von allem, was Leben einengt und vernichtet – *hin* zu dem, was Leben schenkt und gelingen läßt. Daß eine solche Bewegung eröffnet ist, daß es einen Weg vom Tod zum Leben gibt, verdankt sich christlichem Glauben zufolge allein Jesus Christus. Sein Name zeigt bereits an, was er in Person ist und bewirkt. Denn Jesus bedeutet soviel wie „Jahwe schafft Heil", indem er die Sünden vergibt (vgl. Mt 1,21), und Christus ist die griechische Übersetzung des hebräischen Wortes Messias, in dem besonders seit dem Frühjudentum die alttestamentlichen Sehnsüchte und Hoffnungen auf Rettung, Erlösung und Vollendung zusammengefaßt sind. Nach Erlösung fragen heißt deshalb soviel wie nach Dem fragen, von dem die Schrift sagt, daß er „der Weg, die Wahrheit und das Leben" ist (Joh 14,6).

Meinen Assistenten Josef Freitag und Manfred Scheuer danke ich für die kritische Durchsicht des Manuskripts, meiner Sekretärin Frau Maria Smeja für die unverdrossenen Schreib- und Korrekturarbeiten.

Freiburg i. Br., am Herz-Jesu-Fest, 26. 6. 1987

Gisbert Greshake

I. Hinführung

1. „Da ist keine Erlösung!"

Der große jüdische Philosoph und Theologe Martin Buber erzählt in seinen „Schriften zum Chassidismus" von einem gewissen Rabbi Menachem, der vor ungefähr 200 Jahren lebte. Als dieser einmal in Jerusalem war, geschah es, daß ein törichter Mann auf den Ölberg stieg und dort in den sogenannten Schofar, eine Art von Widderhorn, blies. Dieses Blasen kündigt nach jüdischer Auffassung das Kommen des Messias und der messianischen Erlösung an. Als darum das Schofar vom Ölberg her erscholl, verbreitete sich sogleich in Jerusalem die aufgeregte Erwartung: Die Erlösung ist da! Als Rabbi Menachem aber davon hörte, öffnete er sein Fenster, sah prüfend in die Luft der Welt hinaus, schloß es sogleich wieder und sagte: Da ist keine Erlösung!

Eine sehr hintergründige Geschichte! Sie will sagen: Man braucht nur einen Augenblick lang, auch nur den kleinsten Ausschnitt der Welt wie durch ein Fenster betrachten, dann merkt man sofort: Da ist keine Erneuerung, keine Erlösung!

Ist dies nicht auch eine Erfahrung, die sich uns, denen das Fernsehen tagtäglich die neuesten Greuelnachrichten frei Haus ins Wohnzimmer liefert, heute mehr denn je aufdrängt? Jährlich verhungern Millionen von Menschen, gibt es Terror, bedrohende Rüstung, KZs und Flüchtlingslager, ungerechte Gewalt, Folter und Kriege.

Aber man braucht nicht einmal so weit in die Welt hinauszublicken. Sieht es in unserem überblickbaren Lebens- und Beziehungsraum denn grundsätzlich anders aus? Wieviel Ängste, Zweifel und Verzweiflungen gibt es da, enttäuschte Erwartungen und zerronnene Träume, körperliches und seelisches Leiden aller Art, zerbrochene Beziehungen, Feindschaft und Haß sowie

Furcht vor dem stets drohenden Tod. Was soll da die Rede von der Erlösung durch Jesus Christus? Man kann geradezu zynisch fragen: Geniert sich eigentlich die Kirche nicht, angesichts all dessen die Frohe Botschaft zu verkünden und zu feiern, daß jeder Mensch, daß die ganze Welt durch Jesus Christus erlöst ist?

Aber war je die Situation der Menschheit anders? Auch in der Pestzeit, da ein Großteil der Bevölkerung Europas auf elende Weise hinweggerafft wurde, auch in den Greueln des Dreißigjährigen Krieges und aller nachfolgenden Kriege, auch in der für unzählige Menschen wirtschaftlich schrecklichen Situation des 19. Jahrhunderts mit Kinderarbeit, Ausbeutung und Hunger, ja selbst angesichts der Gaskammern von Auschwitz verkündete das Christentum die Botschaft von der Erlösung: „Ich bin erlöst, wir sind befreit, Neues ist geworden – durch Jesus Christus!"

Was aber heißt Erlösung, wenn man sich die triste Lage der Menschheit realistisch vor Augen hält, sie nicht verharmlost und auch nicht durch Rückzug in eine kleine Welt privaten Glücks zu verdrängen sucht?
Die Frage nach der Wirklichkeit der Erlösung verschärft sich noch, wenn man in Betracht zieht, daß der christliche Glaube von einer Erlösung redet, die durch Jesus Christus zu einem ganz bestimmten Zeitpunkt der Geschichte geschah. Wenn das zutreffen soll, kann man der Frage nicht ausweichen: Was hat sich denn seitdem verändert? Ist die Welt nicht weitergelaufen wie vordem? Ist nicht alles beim alten geblieben? Wäre es nicht realistischer und ehrlicher, die Überzeugung von der geschehenen Erlösung zu verabschieden und wie Rabbi Menachem das Fenster – die Beurteilung der Welt – zu schließen mit den Worten: Da ist keine Erneuerung, da ist keine Erlösung!?

2. Zwei Antworten aus der Geschichte

Angesichts dessen, daß die Botschaft von der Erlösung anscheinend so aller Erfahrung widerspricht, bildeten sich in der

Geschichte der Christenheit zwei bis heute relevante Verstehensmodelle heraus, die Wirklichkeit der Erlösung auf zwei gegenläufige Weisen zu relativieren und das Problem ihrer Erfahrbarkeit zu entschärfen. Beide Modelle werden sich bei genauerem Hinsehen als einseitig und nicht ausreichend erweisen. Doch enthalten beide – wie sich noch herausstellen wird – wesentliche, wichtige und richtige Elemente eines integralen Erlösungsverständnisses, so daß es sich – auch um die innere Spannweite der Erlösungswirklichkeit auszuloten – lohnt, diese beiden Antworten aus der Geschichte näher zu betrachten.

a. „Alle Herrlichkeit ist innerlich" (nach Ps 45,14)

Die erste Möglichkeit, den christlichen Erlösungsglauben und die scheinbare Unerlöstheit der Welt miteinander in Einklang zu bringen, läßt sich durch die beiden Stichworte „Verinnerlichung" und „Verjenseitigung" kennzeichnen.
„Verinnerlichung". Das heißt: die Erlösung, die der Glaube bekennt, bezieht sich vornehmlich auf die Seele, den „inneren Menschen" und seine geistig-geistliche Beziehung zu Gott. Da der Mensch gesündigt und sich von Gott abgewandt hat, ist er seelisch in einer Sackgasse. Er bewegt sich nur noch im geschlossenen Zirkel seiner eigenen Existenz. Selbstliebe und Selbstbehauptung charakterisieren sein Wesen. Doch ein solches „Leben" ohne wahre Liebe läuft sich jetzt schon fest, es läuft sich buchstäblich „tot" und endet, wenn keine grundsätzliche Korrektur erfolgt, schließlich hoffnungslos im „ewigen Tod", im endgültigen Verlust glückenden, heilvollen Lebens. Auf diesem Hintergrund bedeutet Erlösung, daß Gott durch Jesus Christus die Sünde vergibt und durch eine neue Befähigung zur Liebe den Todeskreis der Sünde aufbricht. Der Erlöste gewinnt dadurch eine neue Schwerkraft zum Guten, zur Liebe, zur Gemeinschaft mit Gott und den Mitmenschen. Nach diesem Verstehensmodell richtet sich Erlösung also zunächst auf das Innerste des Menschen, auf das „Herz". Doch neben „Verinnerlichung" ist für dieses Modell noch ein Weiteres typisch:

„Verjenseitigung". Das heißt: das jetzt schon geschenkte neue, erlöste Leben der Liebe besagt nur erst Anwartschaft auf die Vollendung der Erlösung im Jenseits bei Gott. Erst dann kommt die Erlösung zu ihrer Fülle, erst dort, in der jenseitig-himmlischen Heimat, tritt das in Erscheinung, was jetzt nur verborgen die Tiefe der Seele erfaßt: das ewige Leben.

Kurz: Erlösung bedeutet nach dieser Verstehensweise, daß der innere Mensch durch Jesus Christus befreit ist *von* der Sünde und befreit *zur* Liebe zu Gott und den Mitmenschen, zu einem neuen Leben, das in der jenseitig-göttlichen Welt vollendet und offenbar wird.

Dieses „Modell", Erlösung zu verstehen, ist alt. Es hat deutliche Ansatzpunkte in der Heiligen Schrift, vor allem im Neuen Testament. Hier ist auf vielerlei Weise zum Ausdruck gebracht, daß die Glaubenden Vergebung ihrer Sünden empfangen haben und, innerlich neu geworden, als neue Menschen in einem neuen Leben wandeln dürfen – in der Erwartung himmlischer Vollendung.

Theologisch wurde diese Verstehensweise vor allem durch Augustinus ausgearbeitet, durch dessen Autorität sie in die große abendländische Theologie eingedrungen ist und diese maßgeblich geprägt hat.

Für den Bischof von Hippo besteht das Entscheidende des Erlösungsgeschehens darin, daß Gott seine erlösende Gnade tief in unser Herz senkt. Dadurch werden wir frei von der Sünde, frei vom Zwang, bei allem nur uns selbst zu suchen, und erhalten eine wirkmächtige Befähigung zur Gottes- und Nächstenliebe, in der das Leben der künftigen himmlischen Gottesstadt schon verborgen am Werke ist. Diese „innere Erlösung", „die Liebe Gottes, ausgegossen in unsere Herzen durch den Heiligen Geist, der uns gegeben ist" (Röm 5,5), steht für Augustinus durchaus nicht jenseits aller Erfahrung. Er beschreibt ihre Erfahrbarkeit mit Bezeichnungen wie Süßigkeit, Lust, Ergötzen, Entzücken, Freude – an Gott und seiner Sache. Ja, er drückt diese innere Erfahrung der Erlösungsgnade geradezu in Kategorien sinnlicher Schönheit aus. Dafür ein Beispiel:

„Was liebe ich, wenn ich dich (Gott) liebe? Nicht die Schönheit eines Körpers noch den Rhythmus der bewegten Zeit; nicht den Glanz des Lichtes, der da so lieblich den Augen; nicht die süßen Melodien in der Welt der Musik; nicht der Blumen, Salben, Spezereien Wohlgeruch; nicht Manna und nicht Honig; nicht die Glieder des Leibes, die in der fleischlichen Umarmung Wollust verkosten: nichts von alledem liebe ich, wenn ich liebe meinen Gott.
Und dennoch liebe ich ein Licht und einen Klang und einen Duft und eine Speise und eine Umarmung, wenn ich liebe meinen Gott: Licht und Klang und Duft und Speise und Umarmung in meinem inneren Menschen.
Dort erstrahlt meiner Seele, was kein Raum erfaßt; dort erklingt, was keine Zeit zunichte macht; dort duftet, was kein Wind verweht; dort mundet, was keine Sattheit vergällt; dort umarme ich, was kein Überdruß auseinanderbricht." (Conf. X,6,8)

Zur Erlösung gehört für Augustinus mithin das innere Verkosten des neuen Lebens der Liebe, die sich vollendet im himmlischen Reich.
Doch wenn sich Erlösung so sehr auf das „Innere" und auf die Erwartung des „Jenseitigen" bezieht, was ist dann mit der „äußeren Welt", mit der diesseitigen Geschichte, mit den unzähligen Erscheinungsformen und Ordnungen der konkreten Wirklichkeit, in der sich das Leben der Menschen abspielt?

Es läßt sich kaum verkennen, daß bei Augustinus diese Dimension ein Stück weit (noch) vom Erlösungsgeschehen ausgenommen ist. Die innere Gnade verleiblicht sich zwar in der Kirche als jener Gemeinschaft, die, von der Liebe des Heiligen Geistes erfüllt, sich als ein Beziehungsnetz der Liebe ihrer vielen Glieder verwirklicht, aber sie erfaßt nicht eigentlich die übrige konkrete Erscheinungswelt. Die äußere Welt wird entweder – „gut platonisch" – als heilsirrelevant vergleichgültigt oder sie wird eher als „Welt der Sünde" im johanneischen Sinn betrachtet. Als solche bedeutet sie für den Menschen eine ständige Gefährdung, da sie ihm vorgaukelt, er könne in ihr und durch sie sein Heil finden. Nein, auch wenn in der sichtbaren Welt Gottes Vorsehung am Werk ist und bestimmte äußere Verhältnisse (Frieden, Gerechtigkeit, gute politische Herrschaft u. dgl.) für Glaube und Kirche hilfreich sein können, so ist doch die Welt und was in ihr ist nur dazu da, daß der Mensch darin sein Leben fristet und sich durch Werke der Liebe auf das Jenseitig-Ewige vorbereitet. Der Erlöste weiß, daß er hier keine bleibende Stätte hat und hier kein wahres Glück zu finden vermag. Sein Lebensgrund und Lebensziel liegen anderswo: im verheißenen himmlischen „Gottesstaat", zu dem er jetzt schon verborgen gehört und in den er nach seinem Tod eingehen darf. Die Welt ist nur noch Pilgerweg zum ewigen Leben. Auf diesem Weg muß man notwendigerweise Güter und Dinge dieser Welt gebrauchen (uti), aber man darf sie nicht „genießen" (frui), so daß das Verkosten irdischen Glücks den Blick vom Ewig-Himmlischen abwendet oder die Sehschärfe des geistigen Auges trübt. Die Güter dieser Welt sind nicht für den Glücksgenuß gegeben, sondern allein zur Fristung des Lebens, um die Last des Vergänglichen leichter zu ertragen und möglichst wenig zu vermehren. Darum steht Augustinus auch irdischen Glückserfahrungen äußerst skeptisch gegenüber, sei es der Lust an Essen und Trinken, der Freude an Musik und Gesang, dem Glück an Natur und Kunst, ganz zu schweigen von oberflächlicheren Vergnügungen, wie z. B. Spiel und Theater.

In einem solchen Erlösungsverständnis erfährt sich der erlöste Mensch als befreit von allem Irdisch-Zeitlichen. Was immer auch sich hier und jetzt in Welt und Geschichte ereignet: Glück oder Unglück, Frieden oder Krieg, Freude oder Leid – all das „macht" es nicht und vermag ihn letztlich nicht zu „treffen". Was auch geschieht: Er ist freier Bürger des Reiches Gottes. Dieses „Bürgerrecht" vermag ihm nichts und niemand zu nehmen. Darum kann er in innerer Freiheit und Gelöstheit, in Trost und Hoffnung im Irdischen leben. Nichts, was „von außen" kommt, braucht ihn mehr zu schrecken. Seine Heimat ist der Himmel. Diese innere Freiheit, deren Wirklichkeit auch im Neuen Testament nachdrücklich bezeugt ist, wird jedoch bei Augustinus nicht oder kaum zum Ausgangspunkt eines neuen Sich-Einlassens mit der diesseitig-äußeren Welt – nunmehr unter „erlöstem Vorzeichen" sozusagen. Die Zugehörigkeit zum „himmlischen Gottesstaat" duldet zwar den „Gebrauch" der Welt und macht für einen gelassenen Umgang mit ihr frei, aber es ist und bleibt nur ein „Gebrauchen" des zum Pilgern Notwendigen. Daß auch auf die „äußere" Welt schon ein Vorschein der Erlösung fällt, daß auch ihre Strukturen bereits jetzt von der Macht des Bösen befreit und vom allumfassenden Heil Christi erreicht und in dieses einbezogen werden können – wenn auch nur im Fragment und Zeichen –, dieser Gedanke findet bei Augustinus kaum einen Nachhall. Für ihn war die Welt „alt" geworden, ihr Ende stand nahe vor der Tür. Jugend und neue Heimat waren nur zu gewinnen, indem der heimatlos, ungesichert und sich selbst fraglich gewordene Mensch der ausgehenden Antike sich radikal einer Erlösungsgnade anheimstellte, welche ihm in seinem Innern Freiheit und Hoffnung gab, ihn einwies in die Liebesgemeinschaft der Kirche und darin die Teilhabe am ewigen himmlischen Reich verhieß.

So ist das Erlösungsverständnis bei Augustinus weithin „verinnerlicht" und „verjenseitigt". Keine Frage, daß es damit wichtige Aussagen der Heiligen Schrift zur Sprache und wesentliche Züge christlicher Erlösungserfahrung zum Tragen bringt. Dennoch hat diese Auslegung eine sehr mißliche Konsequenz. Es wird nicht recht deutlich, was Erlösung mit dieser unserer Welt und Geschichte zu tun hat. Und weiter: Was bedeutet Handeln in der Welt, Entfaltung und Gestaltung der Schöpfung, Einsatz für politische und gesellschaftliche Strukturen, tagtägliche Arbeit und menschliches Miteinanderleben im Hinblick auf Erlösung? Geht der (innerlich) erlöste Mensch durch all dies nur pilgernd „hindurch" (und bestätigt bzw. beläßt er damit nicht die bestehenden Verhältnisse des Unrechts, des Elends und des Todes), *oder* erreicht die von Gott geschenkte Erlösung gerade durch eine erlöste menschliche Praxis auch die Strukturen der Welt? Kurz: Ist nun die *Welt* erlöst oder nur der (innere) *Mensch*?

Genau diese Anfrage wurde und wird unerbittlich vom jüdischen Glauben an das Christentum gestellt. So schreibt der jüdische Gelehrte Gershom Scholem:
„Das Judentum hat, in allen seinen Formen und Gestaltungen, stets an einem Begriff von Erlösung festgehalten, der sie als einen Vorgang auffaßte, welcher sich in der Öffentlichkeit vollzieht, auf dem Schauplatz der Geschichte und im Medium der Gemeinschaft, kurz, der sich entscheidend in der Welt des Sichtbaren vollzieht und ohne solche Erscheinung im Sichtbaren nicht gedacht werden kann. Demgegenüber steht im Christentum eine Auffassung, welche die Erlösung als einen Vorgang im ‚geistlichen' Bereich und im Unsichtbaren ergreift, der sich in der Seele, in der Welt jedes einzelnen, abspielt, und der eine geheime Verwandlung bewirkt, der nichts Äußeres in der Welt entsprechen muß. Selbst die civitas dei des Augustin... ist eine Gemeinschaft der auf unbegreifliche Weise Erlösten innerhalb einer unerlösten Welt. ... War die Kirche davon überzeugt, mit dieser Auffassung der Erlösung einen äußerlichen, ja ans Materielle gebundenen Begriff überwunden und ihm einen neuen Begriff von höherer Dignität gegenübergestellt zu haben, so war es gerade diese Überzeugung, die von jeher dem Judentum als alles andere als ein Fortschritt erschien. Die Umdeutung der prophetischen Verheißungen der Bibel auf einen Bereich der Innerlichkeit, von dem alles an diesen Verkündigungen so weitab zu liegen schien wie möglich, erschien den religiösen Denkern des Judentums stets als eine illegitime Vorwegnahme von etwas, das im besten Falle als die Innenseite eines sich entscheidend im Äußeren vollziehenden Vorgangs in Erscheinung treten konnte, nie aber ohne diesen Vorgang selbst."[1]
Erlösung des inneren Menschen allein ist darum keine Erlösung. Von dieser Voraussetzung her schreibt auch der bekannte jüdische Schriftsteller Schalom Ben-Chorin kurz und bündig: „Der Jude weiß zutiefst um die Unerlöstheit der Welt, und er erkennt

---

[1] G. Scholem, Über einige Grundbegriffe des Judentums, Frankfurt a. M. 1970, 121 f.

und anerkennt inmitten dieser Unerlöstheit keine Enklaven der Erlösung. Die Konzeption der erlösten Seele inmitten einer unerlösten Welt ist ihm wesensfremd, urfremd, vom Urgrund seiner Existenz her unzugänglich."[2] Warum?
Alle noch so verschiedenen Erlösungsvorstellungen im Alten Testament sind normativ geprägt vom sogenannten Exodusgeschehen, d. h. von der am Anfang der jüdischen Geschichte stehenden Befreiung des Volkes aus der Sklaverei Ägyptens und seiner Hinführung in das verheißene Land der Freiheit. Wenngleich diese Erlösungserfahrung nicht allein politische, sondern wesentlich auch religiöse Züge trägt – Gott beruft sich sein Bundesvolk, um mit ihm Gemeinschaft zu haben –, so sind doch ihre „äußeren", politisch-gesellschaftlichen Dimensionen nicht eliminierbar. Es geht bei der Befreiung aus Ägypten und der Volkwerdung im Land der Verheißung um eine reale, feststellbare Veränderung von Zuständen und Strukturen, die Israel „rundherum" ein glückendes Leben im Bund mit Gott ermöglichen. Das erlöste, befreite Leben, welches das Volk des Bundes als Gottes ureigene Gabe empfängt, ist weder eine nur „innere" Wirklichkeit, noch bedeutet es Vertröstung auf ein Jenseits. Vielmehr ist es ausgezeichnet durch gute äußere Verhältnisse, durch Freude und Frieden, durch gerechte Sozialordnungen, Landbesitz und Nachkommenschaft, kurz: durch *Schalom*, durch ein alle Bereiche der Welt erfassendes erfahrbares Heil. Erst wenn sich dieses ganz durchgesetzt hat, erst wenn für immer alle unfrei machenden, ungerechten und tödlichen Faktoren und Strukturen beseitigt sind, kann von Erlösung die Rede sein.

Die Kritik des Judentums am verinnerlichten und verjenseitigten Erlösungsverständnis des Christentums wurde von der neuzeitlichen Religionskritik, z. B. von Feuerbach und Marx, in einem anderen Kontext wieder aufgegriffen. Für Marx ist die Religion – und er hat dabei vornehmlich das Christentum vor Augen – der „Heiligenschein" des „Jammertals" dieser Welt. Das heißt: die

[2] Sch. Ben-Chorin, Die Antwort des Jona, Hamburg 1956, 99.

Religion gibt dem Menschen „illusorisches Glück" in einer Welt, die in Wirklichkeit unerlöst im Elend liegt. Hier verpaßt sie das „Opium" innerer Erlöstheit und Hoffnung auf ein Jenseits. So verklärt sie das „wirkliche Elend" und vertröstet durch „Illusionen"[3]. Dadurch aber entfremdet sie den Menschen seiner realen Welt und entzieht ihn der unbedingten Aufforderung, das Elend zu beseitigen und für eine neue Welt zu kämpfen, die nun wahrhaft den Glanz der Freiheit und des Glücks trägt, statt sich mit dem „Jammertal" zu arrangieren. Ist die Lehre von der Erlösung durch Jesus Christus – so fragt die Religionskritik – nicht eine Immunisierungsstrategie gegen die tatsächliche Unerlöstheit der Welt?

Auch christliche Theologen haben diese Kritik aufgegriffen. Sie halten es für fatal, einfachhin von geschehener Erlösung zu sprechen. Denn nicht nur das Alte Testament – wie es die jüdische Theologie betont – versteht Erlösung als einen realen, wahrnehmbaren Vorgang in dieser unserer irdischen Welt, sondern ebenso auch das Neue Testament. So proklamiert etwa Jesus in der Synagoge zu Nazareth:

„Der Geist des Herrn ruht auf mir;
denn der Herr hat mich gesalbt.
Er hat mich gesandt,
damit ich den Armen die Frohe Botschaft bringe;
damit ich den Gefangenen die Entlassung verkünde
und den Blinden das Augenlicht;
damit ich die Zerschlagenen in Freiheit setze
und ein Gnadenjahr des Herrn ausrufe"   (Lk 4,18 f).

Erlösung hat es demnach zu tun mit der Befreiung der Armen und Gefangenen, mit der Heilung der Blinden und Zerschlagenen, mit Frieden und Gerechtigkeit im gesellschaftlichen Bereich[4]. Doch diese Worte Jesu sind noch nicht eingelöst. Jesus

---

[3] Vgl. K. Marx, Kritik der Hegelschen Rechtsphilosophie = WW I (Lieber-Furth) Darmstadt 1971, 488 f.

[4] Das „Gnadenjahr des Herrn" meint das alttestamentliche „Jobeljahr", das, durch eine Reihe von Reformmaßnahmen charakterisiert, eine

selbst hat zwar Zeichen, Vorzeichen, Signale und Orientierungsmaßstäbe für eine kommende erlöste Welt gesetzt. Aber deswegen ist die Erlösung noch nicht da, sie ist erst verheißene Zukunft. Als solche muß sie durch uns, durch unser Tun herbeigeführt werden.
Damit sind wir beim zweiten Modell, die christliche Botschaft von der Erlösung zu verstehen.

b. „Ich habe keine anderen Hände als die eueren"
(Inschrift an einem Kreuz in St. Ludgeri, Münster, dem durch eine Bombe beide Arme abgerissen wurden)

Während das erste Verstehensmodell die Erlösung „verinnerlichte" und „verjenseitigte", betrachtet das zweite Modell sie unter der Doppelperspektive „Zukunft" und „Praxis". Das heißt: Die Erlösung ist das Ziel, auf das hin diese unsere Welt erst unterwegs ist, ein Ziel, das aber wesentlich durch den Einsatz des Menschen, durch eine erlösende und befreiende Praxis mitherbeigeführt werden muß. „Christus hat Erlösung gebracht", bedeutet nach dieser Verstehensweise: Er hat uns die Liebe des Vaters offenbart, der seine Heilsverheißung für die Welt trotz aller Schuld und Sünde nicht zurückzieht, sondern bestätigt, indem er uns einen Weg eröffnet, das verheißene Ziel zu erreichen. Dies geschieht dadurch, daß Jesus Christus in seiner Person und seinem Verhalten wahres Menschsein verwirklicht und uns als Leitbild einladend vor Augen gestellt hat. Er hat gezeigt, wie die Welt von den Mächten und Zwängen des Bösen befreit und zu einem erlösten Lebensraum voller Frieden, Liebe und Menschlichkeit zu werden vermag, wenn wir ihm nachfolgen und sein Beispiel verwirklichen.
Dieses Erlösungsverständnis zeigt seine ersten Spuren schon im Neuen Testament und dann in der Zeit der Väter, wo gelegentlich die Vorbildlichkeit Jesu und die Praxis der Nachfolge einen

durch Freiheit und Gerechtigkeit ausgezeichnete gute Gesellschaftsordnung anzielt.

besonderen Akzent erhält. So ist etwa bei Irenäus von Lyon († um 202) zu lesen:
„Nicht anders konnten wir lernen, was Gottes ist, wenn nicht unser Lehrer, der das Wort ist, Mensch geworden wäre. Kein anderer nämlich konnte uns erzählen, was des Vaters ist, außer dessen eigenes Wort... Wir konnten nicht anders lernen, außer dadurch, daß wir unseren Lehrer sahen und mit unseren Ohren seine Stimme vernahmen, damit wir *durch die Nachahmung seiner Taten und durch die Verwirklichung seiner Worte* mit ihm Gemeinschaft erhalten und so von ihm, dem ganz Vollkommenen, Wachstum empfangen" (Adv. haer. V,1). „Hätte man die Wahrheit schon vorher gekannt, wäre das Kommen des Erlösers (!) in die Welt überflüssig gewesen" (ebd. II,18). So aber wird „die Unwissenheit, die Mutter alles Bösen, durch Erkenntnis ausgetrieben" (ebd. III,5).
Indem also Jesus Christus als Erlöser Wahrheit und Erkenntnis bringt, öffnet er die Augen für das Böse und befähigt zur Nachfolge, zur Nachahmung seiner Taten und zur Verwirklichung seiner Worte. So kann auf Grund der durch ihn ermöglichten und an ihm orientierten Praxis seiner Jüngerschaft Erlösung Wirklichkeit werden. Während aber im Neuen Testament und bei den Vätern solche Gedanken neben anderen stehen, erhält in der Neuzeit (Aufklärung!) und in der neuesten Zeit dieses Erlösungsverständnis bei manchen Theologen eine extreme Zuspitzung.
Gelegentlich wird der Mensch so sehr als Subjekt der erlösenden Praxis verstanden, daß das Tun Gottes und die durch ihn bereits gewirkte Erlösung völlig in den Hintergrund geraten. Der in diesem Zusammenhang nicht selten emphatisch zitierte Satz: „Ich (Jesus Christus) habe keine anderen Hände als die eueren", kann ein sprechendes Beispiel für diese Einstellung sein. Nimmt man dieses Wort ohne Einschränkung, würde es bedeuten, daß Erlösung wesentlich ein Auftrag an „unsere Hände" ist. Selbst wenn man dies nicht exklusiv verstanden haben möchte, steht doch in manchen derzeitigen Theologien der Akzent auf der These, daß Erlösung dort Wirklichkeit wird, wo Menschen sich

das erlösende „Modell" Jesu zu eigen machen und es in befreiendem Handeln für andere realisieren. Wo immer menschliche Praxis sich an Jesus Christus orientiert und von seinem Geist getragen ist, fällt auf die Welt ein Vorschein jener Erlösung, die ihr von Gott verheißen ist und deren Vollendung am Ende der Tage durch Gott selbst geschenkt wird. So heißt es z. B. bei Edward Schillebeeckx:
„Erlösung ist ein gegebener Auftrag; sie bleibt eine zu realisierende Versöhnung, die in der Widerspenstigkeit unserer Geschichte stets die Prägung von Mißlingen, Leiden und Tod kennen wird – von einer in dieser Welt ohnmächtigen Liebe, die sich aber nie besiegt gibt ... Weil der, der in diesem versöhnenden Handeln erfahren und erkennbar wird, der lebendige Gott, immer größer ist als unser Handeln und dieses Erfahren, erschließt gerade diese Gotteserfahrung als inneres Moment des befreienden und versöhnenden Handelns uns immer wieder eine neue und größere Zukunft ... Was ist also Heil in Jesus von Gott her? Ich möchte sagen: Verfügbarkeit, Sich-selbst-Verlieren an die anderen (jeder in seiner eigenen beschränkten Situation) und innerhalb dieser (auch durch Strukturveränderungen möglich gemachten) ‚Bekehrung' auch mittels anonymer Strukturen zugunsten des glücklichen, guten und wahren Menschseins in kommunikativer Freiheit arbeiten."[5]

Diese Grundlinie des Erlösungsverständnisses findet sich in verschiedenen Variationen bei einer Reihe neuerer Theologen, vor allem bei solchen, die der sog. neueren „Politischen Theologie" oder der „Befreiungstheologie" zuzuordnen sind. Bei aller Unterschiedlichkeit im einzelnen geht es wesentlich darum, sich an der erlösten Lebensgestalt Jesu, an seiner Person, seinem Verhalten, seinem Lebensgeschick (Kreuz und Auferstehung) zu orientieren und sein exemplarisches Dasein in individueller und gesellschaftlicher Praxis durch eine reale, sichtbare Umgestaltung der Welt zu verwirklichen. So kann diese erlöst werden und den Glanz des Gottesreiches ausstrahlen.

[5] E. Schillebeeckx, Christus und die Christen. Die Geschichte einer neuen Lebenspraxis, Freiburg – Basel – Wien 1977, 820 f.

Auch dieses Verstehensmodell von Erlösung mit seiner Hervorhebung der „Zukunfts"- und „Praxis"-Perspektive kann sich auf wichtige biblische Aussagen berufen. So ist der Gedanke einer erlösenden Praxis, nämlich der (Mit-)Wirksamkeit des Menschen im Blick auf das Heil der Welt tief in der Heiligen Schrift verwurzelt. Paulus versteht z. B. sich und seine Mitapostel als „Gottes Mitarbeiter" am „Bau" der neuen „Gesellschaft Gottes", der Kirche (1 Kor 3,9; 2 Kor 6,1). Mit den übrigen Christen zusammen hat er die Gnadengabe Gottes empfangen, die bei ihm „nicht unwirksam geblieben ist" (1 Kor 15,10), sondern sich im mühevollen Mitwirken am Werk der Erlösung verwirklicht hat („nicht ich, sondern die Gnade Gottes zusammen mit mir"). Insgesamt zeigen vielfältige Paränesen (= Handlungsanweisungen), die gewöhnlich am Schluß der neutestamentlichen Briefe zu finden sind, daß die Gläubigen aufgefordert werden, die ihnen von Gott geschenkten Gaben in einen entsprechenden konkret-sichtbaren Existenzvollzug umzusetzen, welcher der noch unerlösten Welt mehr und mehr das Bild erlösten Lebens vorhält und sie werbend und umgestaltend in den Bereich der Erlösung hineinholt.

So sehr also auch die biblischen Erlösungsaussagen „Zukunft" und „Praxis" thematisieren, so ist doch der hier gegebene Stellenwert dieser Größen wohl zu beachten und kritisch gegen manche Ausformungen des „Zweiten Modells" zu richten. Das erlösende Handeln des Menschen ist schriftgemäß nicht einfach „menschliches" Handeln, das „nur" qualifiziert, getragen und ausgelöst ist von der Orientierung am Leitbild Christi. Nirgendwo wird gesagt, daß *wir* die Welt zu erlösen haben. Vielmehr ist menschliche Erlösungspraxis *Gottes* Handeln *durch* den Menschen; es ist Verleiblichung der von Gott bereits geschenkten Erlösungsgabe selbst. Wenn Christus bloß erlösende Impulse in die Welt gebracht hätte, die vom Menschen verwirklicht werden müßten, so würde aus der Frohen Botschaft von der geschenkten Erlösung ein *Gesetz*, d. h. eine Leistungsforderung. Dann geriete der christliche Glaube in die Nähe jener pharisäischen und zelotischen jüdischen Gruppierungen zur Zeit

Jesu, die glaubten, durch Erfüllung des Gesetzes bzw. durch politischen Einsatz die messianische Erlösung herbeiführen zu können. Gerade diese Einstellung aber fand bei Jesus (und vor allem dann bei Paulus) entschiedenen Widerspruch. In der Tat: Wenn der Mensch selbst es ist, der sich und die Welt zu erlösen hat – wenn auch getragen und ermutigt vom Blick auf Gestalt und Geschick Jesu –, so gerät er in eine „totale Anstrengung", die gerade das ausschließt, was Erlösung doch auch bedeuten muß, wenn sie wahrhaft Erlösung ist, nämlich „Lösung, zu sich selbst befreite Freiheit, Verdanken und Beschenktsein"[6].
Zur Vollgestalt der Erlösung gehört zudem die Überwindung des leibhaftigen Todes, in der Sprache der Schrift: Auferstehung der Toten. Wird dieses Ziel nicht eliminiert oder uminterpretiert, so zeigt sich gerade daran, daß Erlösung nur Gabe Gottes sein kann, da der Mensch des Sieges über den Tod nicht mächtig ist. Die Stichworte „Zukunft" und „Praxis" dürfen mithin nicht die „Gegenwart" und den „Geschenkcharakter" der Erlösung verdecken, so wie umgekehrt „Gegenwart" und „Geschenkcharakter" nicht die Ausständigkeit der Erlösung sowie ihren Welt- und Praxisbezug unterschlagen dürfen.

So haben beide soeben markant einander gegenübergestellten Verstehenstypen von Erlösung ihre spezifischen Probleme und Grenzen. Sie zeigen aber auch, zwischen welchen „Polen" sich das Spektrum erstreckt, in welchem Theologen (und entsprechende kirchliche Gruppierungen) Erlösung heute zu verstehen suchen. Will man die Pole holzschnittartig vereinfacht charakterisieren, so steht auf der einen Seite ein eher geistlich-mystisches, auf die Innerlichkeit des einzelnen und/oder der Kirche bezogenes, an der Heilsgegenwart und an der Hoffnung auf jenseitige Erfüllung orientiertes („konservatives"?) Erlösungsverständnis. Auf der anderen Seite steht ein „welthaftes", auf diesseitige Verwirklichung bedachtes und an äußerer Erfahrbarkeit interessiertes („progressives"?) Erlösungsverständnis. Dabei können

[6] K. Hemmerle, Der Begriff des Heils, in: IKaZ 3 (1972) 212.

sich die verschiedenen Betrachtungsweisen noch einmal sehr verschieden „mischen" und damit ein höchst facettenreiches „Spiel" verschiedenster Verstehensweisen ergeben.

3. Vielfalt der Verstehensweisen – Vielfalt der Fragen

Die Vielfalt im Verstehen der Erlösung ist nichts Negatives, so als ob es eigentlich besser und wünschenswerter wäre, es gäbe nur eine einzige Theologie der Erlösung. Denn der Reichtum der Akzente und Perspektiven zeigt, daß Gott und sein erlösendes Handeln vom menschlichen Denken und womöglich von einem einzigen Ansatz her nicht eingeholt werden kann. Auch hier gilt: „Die Wahrheit (Gottes) ist symphonisch" (H. U. v. Balthasar). Wie in einem Orchester die verschiedenen Instrumente mit ihren unterschiedlichen Melodien und Stimmführungen nichts Nachteiliges sind, sondern gerade das Wesen symphonischer Musik ausmachen, so können auch die variationsreichen Ansätze und Artikulationen des Erlösungsverständnisses, wie sie im übrigen auch schon in den verschiedenen biblischen Schriften zu finden sind, Fülle und Reichtum bedeuten, Hinweis auf die überströmende Herrlichkeit göttlicher Wahrheit, die immer noch größer ist als all ihre blassen Spiegelungen in den bruchstückhaften menschlichen Einsichten. Freilich kann die Pluralität *nur dann* als Fülle und Reichtum erscheinen, wenn die einzelnen „Stimmen" offen füreinander und für das Ganze des Spieles sind. Nur wenn sich das Vielfältige buchstäblich er-„gänzt", d. h. zum Ganzen zusammenfügen läßt, entsteht Symphonie. Dann dienen auch polyphone Figuren, solistische Passagen, langatmige „brucknersche" Pausen, selbst herbe Paukenschläge und schrille Koloraturen der Piccoloflöte der Harmonie des Ganzen. Spielt dagegen jeder nur für sich seinen Part, ohne auf die andern und auf das Ganze zu hören, so kann sich nur üble Kakophonie ergeben, ein chaotisches Auseinanderbrechen von Einzelstimmen, von denen womöglich eine jede gegen die andern sich durchzusetzen trachtet. Deshalb läßt sich vergleichsweise auch für die Vielfalt des Verstehens das paulinische Bild von der

Kirche als dem Leib Christi heranziehen: „Der Leib besteht nicht nur aus *einem* Glied, sondern aus *vielen* Gliedern. Wenn der Fuß sagt: Ich bin keine Hand, ich gehöre nicht zum Leib!, so gehört er doch zum Leib. Und wenn das Ohr sagt: Ich bin kein Auge, ich gehöre nicht zum Leib!, so gehört es doch zum Leib. Wenn der ganze Leib nur Auge wäre, wo bliebe dann das Gehör? Wenn er nur Gehör wäre, wo bliebe dann der Geruchssinn? ... Wären alle zusammen nur *ein* Glied, wo bliebe dann der Leib? So aber gibt es viele Glieder und doch nur *einen* Leib. Das Auge kann nicht zur Hand sagen: Ich bin nicht auf dich angewiesen. Der Kopf kann nicht zu den Füßen sagen: Ich brauche euch nicht. Im Gegenteil..." (1 Kor 12,14 ff). Ganz entsprechend kann und darf auch ein theologischer Entwurf nicht sagen: Ich brauche den andern nicht, ich bin nicht auf ihn angewiesen. Gerade für das Verstehen der symphonischen Wahrheit Gottes bedarf einer des anderen, auf daß ein wirkliches Zusammenspiel entsteht, ein „einträchtiges Füreinander", wie Paulus sagt.

Auch die folgenden Ausführungen können deshalb nur *ein* Aspekt, *eine* An-Sicht sein. Doch soll darin eine Vielzahl unterschiedlicher Ansätze zum Verständnis der Erlösung zusammengestellt und so integriert werden, daß eine möglichst große Offenheit füreinander und für andere, hier nicht genannte Verstehensweisen bestehen bleibt. Ausgangspunkt unserer Überlegungen ist dabei die schlichte Urbezeugung der Erlösung, wie sie im Neuen Testament – in Fortführung der alttestamentlichen Botschaft – gegeben ist. Wenn man nämlich fragt, was den – schon in der Heiligen Schrift – äußerst variationsreichen Erlösungsaussagen zugrunde liegt, so ist es letztlich der einfache Bekenntnissatz: Jesus Christus hat uns durch seinen Kreuzestod von Sünde und Tod befreit und die Gnade, Liebe und Zuwendung Gottes neu geschenkt.
So schlicht dieses Bekenntnis auch ist: Fast alle Worte dieses Satzes sind für viele heute nicht mehr recht verständlich. Was heißt hier Sünde? Wieso mußte Jesus zu ihrer Tilgung ans Kreuz gehen? Was meint Erlösung vom Tod angesichts dessen, daß wir

doch weiterhin sterben müssen? Was bedeutet es, daß Gott uns wieder „gnädig" ist? Besteht darin wirklich die Erlösung, nach der der heutige Mensch verlangt? Sind nicht – so kann man es hören und lesen – gegenwärtig an die Stelle der alten Sehnsucht nach Befreiung von der Sünde und nach einem neuen Zugang zum gnädigen Gott andere neue Heilsfragen getreten?[7]

Da ist *erstens* die Frage nach einem *„gnädigen Gewissen"*, nämlich die Frage: Wie komme ich mit mir selbst ins Reine, ins Einvernehmen, wie erlange ich „Identität"? Ich erfahre mich innerlich zerrissen, von mir selbst entfremdet, nicht als der, der ich sein möchte und könnte. Ich leide an mir und kann mich selbst nicht „leiden". Ich will „ganz" sein, mich ganz verwirklichen, ganz mit mir in Einklang stehen. *Das* wäre Erlösung!

Da ist *zweitens* die Frage nach dem *„gnädigen Nächsten":* Da ich in so vielfacher Weise vom Mitmenschen getrennt bin durch Gleichgültigkeit, Spaltung und Zwietracht, sehne ich mich nach einem Verhältnis, in dem man in Vertrauen, Brüderlichkeit und Frieden miteinander lebt und einander genügt im Begaben und Fordern. *Das* wäre Erlösung!

Schließlich ist da *drittens* die Frage nach einer *„gnädigen Welt"*. Angesichts dessen, daß die Welt mir oft fremd und feindlich, ja verunstaltet und zerstört gegenübertritt und mir nicht zu geben vermag, wonach ich Ausschau halte: Heimat, wünsche ich einen freundlichen, menschlichen Lebensraum. *Das* wäre Erlösung!

Was also haben Befreiung von der Sünde und ein neuer Zugang zum gnädigen Gott mit *diesem* dreifach-einen Erlösungsverlangen zu tun? Um dies zu ergründen, müssen wir einen längeren Anweg unternehmen. Um nämlich sinnvoll vom Negativfaktor Sünde sprechen und um ermessen zu können, was eigentlich für den Menschen Beziehung zu Gott bedeutet, gilt es zunächst, auf Grund, Sinn und Ziel der Schöpfung zu blicken. Und das ist in der Sprache der Heiligen Schrift: Leben, Leben in Fülle, Leben in glückender Gemeinschaft, kurz: Leben in Communio.

[7] Siehe dazu und zum Folgenden: H. Dembowski, Einführung in die Christologie, Darmstadt 1976, 178f.

II. Communio – der Urgedanke des Schöpfers

1. Der Ruf zur Communio

a. Leben in Fülle als Ziel des Menschen

Nach christlichem Glaubensverständnis hat Gott die Schöpfung ins Werk gesetzt, um den Menschen am Glück seines ewigen, seligen Lebens teilhaben zu lassen. Darin gefällt sich Gott, darin will er die Summe und Vollgestalt seiner Herrlichkeit finden, daß er sich selbst in Freiheit zum „Gott der Menschen" bestimmt, zu einem Gott, der sein eigenes Leben in Liebe den Geschöpfen mitteilt, auf daß diese Lebensglück und Lebensfülle, göttliches Leben, empfangen. Der Kirchenvater Irenäus von Lyon hat diese Urwahrheit in schönster Prägnanz so formuliert: „Gloria Dei vivens homo; vita autem hominis, visio Dei" – „Darin besteht die Herrlichkeit Gottes, daß der Mensch Leben in Fülle hat. Und dieses Leben besteht in der Teilhabe am Leben Gottes."[8]

Diese Kurzformel ist eine Zusammenfassung der wichtigsten Züge biblischer Heilsoffenbarung und Heilserfahrung.

Schon im Alten Testament wird Israel – und Israel ist immer auch Antizipation, Vor-Bild, Realsymbol der gesamten Menschheit – als *Gottes Renommier- und Prunkstück* bezeichnet (Ex 19,5); als *Gottes Familie*, die zu ihm, dem fürsorgenden Vater, gehört; als *Gottes Kind*, das von ihm, gleich einer liebenden Mutter, niemals aufgegeben wird (Jes 49,15); als *Gottes Weinberg*, dem er alle Kräfte widmet; als *Gottes Augapfel*, dem Kostbarsten also, was man zu hüten hat (Dtn 32,10; Ps 17,6; Sach 2,12). Diese Bilder

---

[8] Adv.haer. IV,20,7 (= SChr. 100/2, 648). – Oben wurde „visio Dei" *sinngemäß* in unsere heutige Sprache mit „Teilhabe am Leben Gottes" übertragen, insofern in der griechischen Kultur „visio" = „Sehen" nicht distanziertes Zusehen, sondern Teilhabe am Sein des Geschauten meint.

finden ihre Zuspitzung in der bis ins Neue Testament (Offb 21 und 22) hineinreichenden *Brautsymbolik:* „Wie der junge Mann sich mit der Jungfrau vermählt, so vermählt sich mit dir dein Schöpfer. Wie der Bräutigam sich freut über die Braut, so freut sich dein Gott über dich" (Jes 62,4). Als Bild Gottes und Abglanz der göttlichen Herrlichkeit ist der Mensch also das geliebte „Gegenüber" Gottes, in das Gott so „verliebt" ist, wie ein junger Mann „bis über beide Ohren" in sein Mädchen „vernarrt" ist (siehe auch Jes 54,6). Diese Überzeugung findet im Neuen Testament noch einmal eine größere Zuspitzung: Der Mensch ist so sehr von Gott geliebt, daß dieser das Liebste, was er hat, den eigenen geliebten Sohn – und damit sich selbst – für die Menschen hingibt (Joh 3,16; Röm 8,32). Als Freunde, ja als Brüder und Schwestern des einzigen Sohnes (Joh 15,14f; Hebr 2,11) und damit als Söhne und Töchter des gemeinsamen Vaters (Röm 8,14f) sind wir gerufen, an der Sohnschaft und Herrlichkeit Jesu Christi, kurz: am Leben Gottes teilzuhaben (Röm 8,29f; 2 Petr 1,4), indem wir in die engste Beziehung der Liebe eingehen dürfen, die in Gott selbst zwischen Vater und Sohn besteht. So zielt unser Leben auf die Communio mit Gott. In der Gemeinschaft mit ihm und in der Teilhabe an seinem Leben besteht unsere ewige Vollendung.

Mit Bedacht wurde hier (und wird im folgenden häufig) das lateinische Wort Communio gewählt, um damit zum Ausdruck zu bringen, daß es sich um eine einzigartige Wirklichkeit handelt, die durch das mittlerweile abgenutzte deutsche Wort „Gemeinschaft" und durch den abstrakten Begriff „Teilhabe" nur von weitem angedeutet wird. Die folgenden Ausführungen werden zeigen, welche Wesensmerkmale und -elemente mit der Idee der Communio gemeint sind. Aber schon aus dem Gesagten ergibt sich, daß es sich um eine ganz intensive Form von Beziehung, Liebe, Gemeinschaft handelt, um etwas, das viele emotional mit dem eingedeutschten Wort „Kommunion" verbinden: enges Miteinandersein, Lebenseinheit, gegenseitiges Sich-Durchdringen. In diesem Sinn kommt zum erstenmal neutestamentlich das Wort (nicht die Wirklichkeit) Communio (griechisch: koinonia) bei Paulus vor. Es hat hier die Grundbedeutung von „Gemeinschaft (mit jemand) durch Teilhabe (an etwas)" (J. Hainz). Paulus verknüpft dieses Wort mit dem Bild vom „Leib Christi": Christus tritt nicht als abgegrenztes „Individuum" den Gläubigen gegenüber, sondern er steht als „Leib" – in biblischer Sprache und Denkweise: als Medium der Beziehung und Kommunikation – allen Menschen offen. Alle sind eingeladen, als „Glieder" seines Leibes an seinem Leben teilzuhaben, eins mit ihm, dem Haupt, und eins untereinander zu werden, alle durchwirkt von der einen Lebenskraft des Leibes, dem Heiligen Geist.

Zu solcher Lebenseinheit mit Gott sind wir gerufen. Gott behält uns nichts vor, nicht *etwas* und auch nicht *sich selbst:* Er gibt sich uns ganz, er will sich, sein eigenes Leben schenken. Auf diese Communio mit Gott ist der Mensch angelegt, nur in ihr findet die unendliche Sehnsucht des Menschen nach Leben, Glück und Liebe Erfüllung; nur hier findet er „Heil", ein Wort, das der sprachlichen Wurzel nach soviel bedeutet wie „Ganz-Sein".

Doch wir haben nun einen großen Schritt weiter zu gehen. „Communio" ist nicht nur eine Wirklichkeit *zwischen* Gott und den Menschen, sondern Gott selbst ist – nach christlichem Glauben – *Einer als Communio,* als engste Gemeinschaft der Liebe dreier Personen. Die Einheit Gottes besteht also nicht in einem geschlossenen, monologischen Selbstsein und Selbstbezug, sondern sie verwirklicht sich als ein Geschehen trinitarischer Liebe, das heißt: in einem offenen, interpersonalen Beziehungsgefüge von Wort und Antwort, von Selbstgabe und Empfang. In dieser Communio der Liebe, in diesem göttlichen Beziehungsnetz ist – bildhaft gesprochen – „Raum" für den Menschen, auf daß er im Spiel der göttlichen Liebe mitspielen kann.

Von hier aus wird verständlich, daß die Schöpfung als Bild und Abglanz des communialen Gottes selbst communiale Züge trägt und auf eine communiale Vollendung hin angelegt ist. Deshalb zielt Gottes Handeln mit der Schöpfung von Anfang an nicht auf je einzelne Menschen, sondern auf Communio (Sammlung des Volkes Gottes, der Kirche, der Menschheit). Und wenn dennoch einzelne berufen werden, so stets mit dem Auftrag, der Gemeinschaft zu dienen (vgl. z. B. Gen 12,2). Communio-Werdung der Schöpfung: das ist der Urgedanke des communialen Gottes. Gemeint ist sowohl die Communio *zwischen* Gott und Mensch wie auch die Communio *unter* den Menschen. Denn beide sind untrennbar miteinander verbunden: Wenn der einzelne in lebendiger Communio mit dem communialen Gott steht, ist er selbst communial und kann es gar nicht anders sein[9]. Nur ein communialer Mensch *entspricht* dem communialen Gott, nur ein gemeinschaftsfähiger Mensch kann teilhaben am Leben Gottes, der selbst eine Gemeinschaft ist[10].

Ja, man braucht nicht einmal auf das innertrinitarische Leben Gottes zu blicken: Wenn Gott sich in Freiheit zum „Gott der Menschen" bestimmt hat, d. h. zum Gott, der Communio mit den Menschen will, so kann ich nur dann in Beziehung zu *diesem* Gott stehen, wenn ich mich in seine Communio hineinstelle, wenn ich – sozusagen – den Grundsatz verwirkliche: Die Freunde meines Freundes sind auch meine Freunde. Damit ist auch schon der tiefste Grund für den unzertrennlichen Zusammenhang von Communio mit Gott und Communio mit den

---

[9] So schreibt Thomas v. Aquin, Ad II Thess 3,16 (III,2): „Homines non uniuntur inter se nisi in eo, quod est commune inter eos; et hoc est maxime Deus." – „Die Menschen können untereinander Einheit nur finden in dem, was ihnen gemeinsam ist; und das ist vor allem und am meisten Gott."

[10] Die Formulierung „Gott ist eine Gemeinschaft" ist zutreffend, auch wenn die Gemeinschaft, die Gott selbst ist, nicht als tritheistisches „Nebeneinander" von drei autonomen Personen, sondern als eine über allem Begreifen liegende „vernetzte" Einheit gedacht werden muß. Selbst wenn sich bei einem solchen Sprechen leicht tritheistische Vorstellungen einschleichen, so ist dies weniger gravierend, als wenn man – aus Angst vor einem tritheistischen Mißverständnis – die Einheit Gottes so betont, daß sie – vorstellungsmäßig! – zum Selbstvollzug einer Person verkümmert und so der spezifisch christliche trinitarische Gottesbegriff eliminiert wird.

Menschen angedeutet. Er besteht darin, daß Liebe in ihrer Vollgestalt nicht nur eine Wirklichkeit zwischen zwei Liebenden ist (Ich-Du-Beziehung), sondern daß sie nur dann entstehen und gelebt werden kann, wenn diese sich öffnet zur *gemeinsamen* Liebe auf einen Dritten hin. Dieser Sachverhalt, der – wie Richard von St. Viktor gezeigt hat – zum Verständnis des *drei*einen Gottes von Bedeutung ist, hat auch seine Konsequenz für das Verhältnis von Gott und Welt. „Deus vult condiligentes" – „Gott will Geschöpfe, die mit ihm zusammen lieben", wie Duns Scotus im Anschluß an Richard von St. Viktor sagt. Darum ist die Communio, die zwischen Gott und mir besteht, unlöslich mit der Communio zwischen mir und den anderen, in der sich mein „Mitlieben mit Gott" verwirklicht, verbunden. Erst in dieser Communio erfüllt der einzelne das Ziel der Schöpfung und wird er dem trinitarischen Gott ähnlich: „Deus vult condiligentes".

Umgekehrt gilt aber auch: Wenn der Mensch Communio mit seiner Mitwelt lebt, verwirklicht er sein Woher und Wohin. Indem er in seinem Handeln dem „Herzen" aller Wirklichkeit, dem communialen Gott und der communial verfaßten Schöpfung, entspricht, steht er – vielleicht ohne es ausdrücklich zu wissen – auch in Communio mit dem Schöpfer.

Aus dieser Sicht des Menschen ergeben sich zwei Konsequenzen.

b. Erste Konsequenz: Der Mensch – ein relationales Wesen

Wenn der Mensch daraufhin angelegt ist, mit Gott und in ihm die Fülle und Vollendung des Lebens zu finden, so ist sein tiefstes Wesen *relational*, das heißt: er steht trotz allen Eigenstandes, den er als Geschöpf besitzt, letztlich nicht „in sich", sondern er ist und verwirklicht sich in der Beziehung zu Gott. Dies ist sehr treffend in dem bekannten Gebetswort Augustins zum Ausdruck gebracht: „Du hast uns auf Dich hin erschaffen, und unruhig ist unser Herz, bis es ruht in Dir" (Conf. I,1,1). „Auf Dich hin" – auf Gott hin: In dieser Relation *ist* der Mensch. Das bedeutet, daß seine Beziehung zu Gott nichts Zusätzliches, „Akzidentelles" ist, sozusagen ein religiöses Ornament oder Dekor, den das zunächst „in sich" stehende geistige Geschöpf sich zulegen kann oder auch nicht. Der Mensch ist nicht zuerst auf sich selbst und dann *auch* noch – gegebenenfalls, wenn er will! – auf Gott bezogen. Vielmehr macht nach christlicher Anthropologie die Beziehung zum Schöpfer, die freilich in Freiheit anerkannt oder verweigert (nicht aber abgeschüttelt) werden kann, den Menschen überhaupt erst zum Menschen.

Mit dieser Relation zu Gott ist – wie bereits angedeutet – aufs engste die Relation zum Mitgeschöpf verbunden. Denn da der trinitarische Gott selbst Communio, ein Beziehungsgefüge ist, wird das Auf-ihn-hin-Sein um so enger und intensiver, je mehr der einzelne in communiale Beziehungen zu seinen Mitmenschen hineinwächst. Dabei sind diese Beziehungen nicht bloß eine *Konsequenz* der Beziehung zu Gott, auch nicht allein ein *Mittel*, sie tiefer zu verwirklichen; sie sind die *konkrete Weise*, wie der Mensch seine Beziehung zu Gott lebt. Denn Gott ist uns zwar viel näher als jeder noch so geliebte Mensch, ja als ich selbst mir nahe bin, gemäß dem schönen Augustinus-Wort von Gott als dem „interior intimo meo" – „als dem, der mir innerlich gegenwärtiger ist als mein tiefstes Inneres". Und doch haben wir zeit unseres irdischen Daseins keine unmittelbare *Erfahrung* Gottes. Das bedeutet nicht, daß wir deshalb auch keine unmittelbare Beziehung zu ihm haben können. Im Gegenteil! Im ersten Petrusbrief (1,8) heißt es von Jesus Christus: „Ihr habt ihn nicht gesehen und doch liebt ihr ihn. Ihr seht ihn auch jetzt nicht, aber ihr glaubt an ihn und jubelt in unsagbarer Freude...". Das „Nicht-Sehen" Jesu Christi, also der Ausfall unmittelbarer Erfahrung, macht Glaube und Liebe, d. h. eine direkte personale Beziehung zu ihm nicht unmöglich. Das gilt vom Dreifaltigen Gott insgesamt. Wir können direkte Beziehung zu ihm haben, und doch ist er, solange wir hier auf Erden sind, unserer unmittelbaren Erfahrung entzogen. Er begegnet uns nur in einer Vielfalt geschöpflicher Vermittlungen. Aber hier ist es wirklich er selbst, der uns begegnet – in „vermittelter Unmittelbarkeit", um es paradox zu formulieren. So läßt er sich von uns in allen Wirklichkeiten der Welt, der Geschichte und des eigenen Daseins als deren tiefstes Geheimnis entdecken. Das, womit wir umgehen: die Dinge und Personen, Situationen und Ereignisse, selbst die Gedankenvorstellungen und Stimmungen des eigenen Ich sind *mehr*, als was sie „in sich" dem ersten Anschein nach sind. Alles Geschaffene ist transparent und weist über sich hinaus auf Gott hin, der sich in ihm ausspricht, in ihm sich uns gibt und durch das Wirken von Geschöpfen hindurch Communio stiftet.

Das bedeutet nicht, daß das Geschaffene als Medium des Aufgangs Gottes in seiner Eigenwirklichkeit und Eigenwürde funktionalisiert und damit entwertet wird. Denn Gott will die Geschöpfe nicht nur als solche, durch die *hindurch* er seine Liebe verleiblicht, sondern *mit denen zusammen* er liebt (vgl. S. 33). Das Geschöpf ist berufen und befähigt zur Mitliebe mit Gott, und eben darum und insoweit kann Gottes Liebe sich im Geschöpf verleiblichen, und kann er selbst in der Liebe zum Geschöpf *mitgeliebt* werden.

Wo darum der Mensch mit der Welt so umgeht, daß er ihren Transparenzcharakter vernimmt, wo er in allen Dingen, Personen und Ereignissen etwas entdeckt von der Dynamik der Schöpfung (und des Schöpfers) auf Zusammenklang, Integration und Einheit hin und sich frei in diese Dynamik einfügt, da erfährt, bejaht und lebt er auch seine Beziehung zu Gott. Umgekehrt: Wo der Mensch in der Welt nichts weiter sieht als „Welt", als pure, objektiv vorhandene, in sich stehende, geschlossene Welt, die man nur für sich selbst ausnutzt und für den eigenen Vorteil einsetzt, so als ob sie ein Steinbruch wäre, aus dem man passende Steine für den persönlichen Nutzen herausbricht, da vergewaltigt und zerstört er nicht nur die Welt, da verweigert er sich auch dem tiefsten Geheimnis alles Wirklichen: Gott, der sich als communialer Gott durch die Communio des Geschaffenen hindurch in Erfahrung bringt und zur Communio herausfordert.

Dieser Zusammenhang von Gottes- und Welterfahrung ist in der

Heiligen Schrift auf vielfache Weise zum Ausdruck gebracht[11], nicht zuletzt in der Botschaft von der Einheit (nicht Identität!) von Gottes- und Nächstenliebe (Lev 19,18; Mt 5,43; 22,37f; Mk 12,29f; Lk 10,27f). In der Liebe zum Mitmenschen vermag ich Gott (mit) zu lieben, da sich seine Gegenwart im Bruder und in der Schwester „verleiblicht" und er mich zur zweifach-einen Liebe zu ihm und zum Nächsten herausfordert. So bringt es auch das Gleichnis vom Weltgericht in Mt 25 zum Ausdruck: „*Ich* war hungrig und ihr habt mich gespeist; *ich* war nackt und ihr habt mich bekleidet...". Ähnlich gibt die Frage des erhöhten Herrn an Paulus: „Warum verfolgst du *mich*?" (Apg 9,4f) zu erkennen, daß in der Verfolgung der Kirche, in der Bedrängnis der Brüder und Schwestern Christi, der Herr selbst verfolgt und bedrängt wird.

So halten wir als erste Konsequenz fest: Der Mensch ist ein relationales, auf Gott bezogenes Wesen. Aber diese seine Beziehung zum Schöpfer, in der er Leben und Lebenserfüllung findet, ist zutiefst verknüpft mit der Beziehung zur übrigen Menschheit und Welt. Denn der Gott, der in sich selbst Communio ist und der sich in Freiheit als Schöpfer bestimmt hat, d. h. als ein Gott, der auch Geschaffenes in die Communio des eigenen Lebens einbeziehen will, läßt sich nicht anders finden, als daß man Communio im Geschaffenen zu leben sucht. So wird die Beziehung zur Mitwelt zum Medium, Ort und Symbol („Ausdrucksform", „Verleiblichung") der Beziehung zu Gott.

c. Zweite Konsequenz: Die Herausforderung der Freiheit

Wenngleich der Mensch auf Gott hin erschaffen ist, so daß er nur in dieser Relation wahres Leben findet, und wenngleich er durch seine biologische und soziale Wesensnatur unabdingbar in Beziehung zur übrigen Welt steht, so daß er allein aus sich heraus

---

[11] Siehe dazu G. Greshake, Gott in allen Dingen finden. Schöpfung und Gotteserfahrung, Freiburg – Basel – Wien 1986.

gar nicht existieren könnte, muß er doch diese seine ihm *vorgegebene* Relationalität *in Freiheit* verwirklichen. Denn Gott hat den Menschen geschaffen, auf daß Liebe von Person zu Person sowie wahrhafte Communio mit ihm und den Mitgeschöpfen sei und nicht naturhafte Abhängigkeit oder gar durch göttliche Allmacht erwirkter Zwang. Nur in Freiheit können aus wesensmäßig vorgegebenen Relationen personale Beziehungen der Liebe werden. Liebe ist ohne Freiheit nicht möglich. Die Evidenz dieser Einsicht ist tief in menschlicher Erfahrung verwurzelt: Wo ein Mensch den anderen nur als Anhängsel und Reflex seiner selbst betrachtet, wo er ihn durch das Gewicht seiner Persönlichkeit erdrückt oder hinterrücks manipuliert, da kann von personalen Beziehungen der Liebe keine Rede sein. Liebe setzt den Selbstand des anderen voraus, erkennt ihn an und wartet auf das freie Ja. Sie zwingt nicht und vergewaltigt nicht, sondern wirbt und lockt um Einvernehmen, Gegenliebe und Gemeinsamkeit. Wenn also das Verhältnis von Gott und Geschöpf auf personale Communio zielt, so setzt dies die Freisetzung des Menschen zur freien Antwort der Liebe voraus. „Es ist unbegreiflich, das Wunder der allmächtigen Liebe, daß Gott wirklich einem Menschen so viel einräumen kann, daß er, was ihn selbst betrifft, nahezu wie ein Freier sagen kann (hier liegt das Wortspiel: frei zu machen, zu freien): Willst du mich haben oder nicht? – und so eine einzige Sekunde auf die Antwort zu warten", bemerkt Sören Kierkegaard[12]. Das hat zur Folge, daß der Mensch, der in seinem innersten Sein, gleichsam mit allen Fasern seines Herzens, auf Gott hin angelegt ist und allein in ihm sein Lebensglück und -ziel finden kann, doch diese seine wesenhafte Beziehung zu Gott weder mit Notwendigkeit, noch unter Zwang vollzieht, sondern in Freiheit.

Ähnliches gilt auch von seiner Beziehung zur Mitwelt, die ja – wie dargelegt – Verwirklichungsort und Symbol der Beziehung zu Gott ist. Ob der Mensch sein Verhältnis zu ihr als Communio, als liebendes Mitsein und Fürsein bestimmt oder ob er die

---

[12] S. Kierkegaard, Tagebücher, dt. München 1949, 405.

Mitgeschöpfe, Menschen wie Sachen, nur verdinglicht und objektiviert, um sich ihrer zu bemächtigen und sie für sich auszubeuten, das ist der Freiheit des Menschen anheimgestellt. Gewiß, das eigene Ich ist immer schon naturhaft vermittelt durch „andere", durch Mitmenschen, die Leben gegeben, erzogen, Raum zum Mitleben gegeben haben. Insofern kann der Mensch nicht und niemals davon absehen, daß er ein relationales Wesen ist. Unabdingbar hat er sein Woher in Beziehungen, steht er in Beziehungen und sucht sich in Beziehungen zu verwirklichen. Doch ist damit noch nicht über den „Stellenwert" dieser Beziehungen entschieden: Sind sie nur für mich da, damit *ich* Selbstand gewinnen, für mich leben und mich verwirklichen kann? Zielt alles nur auf mich als „Zentrum"? *Oder* muß ich nicht gerade in Freiheit ex-zentrisch werden, d. h. mich in Liebe den anderen zuwenden und mein Ich in das größere Wir der Communio hineinstellen, um wahrhaft erfülltes Leben zu finden? (Näheres dazu S. 44 ff) Hier ist meine Freiheit herausgefordert. Es gilt, das eigene „Zentrum" aufzugeben, „sich zu verlieren", wie die Schrift sagt, um sich gerade im Exzentrisch-Werden der Liebe neu und endgültig „zu finden" (Mt 16,25 par.). In dieser freien Hinwendung zum anderen (zu Gott wie zum Nächsten) löst sich nicht etwa das Individuum zugunsten der Communio auf, sondern es legt jene Grenzen, die es gegen die anderen abschirmen und gleich einem Schneckenhaus in sich einschließen, ab und empfängt sich, indem es *als es selbst* Anteil am größeren Leben der Liebe gewinnt, in neuer, erfüllter Weise zurück.

Für diesen Übergang vom Ich zum Wir (und darin zum „größeren" Ich), für dieses „Communialwerden" des Individuums ist dem Menschen Zeit gegeben. Im Durchgang durch die Welt, in der Herausforderung durch konkrete Situationen und Begegnungen, in Auseinandersetzung mit Gesellschaft und Zeitgeist ist ihm die Aufgabe gestellt, seine schöpfungsmäßige Vorgabe in Freiheit einzuholen. Die Gabe der Zeit und die Aufgabe, sich ein Leben lang in Freiheit „auszuzeitigen", sind ihrerseits Konsequenzen des Communio-Gedankens: Nur wenn an der Heraufführung der Communio ein jeder im Geben und Empfangen beteiligt ist, kommt wirkliche Communio zustande. Darum ist nicht Gott allein der Gebende, er gibt auch: *zu tun,* um empfangen zu können. Deswegen wird seine Gabe immer sogleich zur Aufgabe für den Menschen, zur Befähigung und Herausforderung zum Mithandeln, auf daß das geistbegabte Geschöpf in Freiheit am Ziel der Schöpfung mitwirken kann. Deshalb ist der Mensch bereits von Schöpfung her auf ein Mittätigwerden mit dem Schöpfer angelegt: Er darf und soll im Auftrag Gottes die übrige Schöpfung in Besitz nehmen, sie hüten und bewahren und sie so entfalten, daß er, der selbst vom Schöpfer den „Segen" zum Mittun empfangen hat, nun auch seinerseits der Schöpfung zum Segen wird[13]. Seine Beziehungen zum Mitmenschen sollen so beschaffen sein, daß sie sich als das darstellen, was sie von Schöpfung her sind: Abbild Gottes und seines Bundes mit den Menschen. (Denn die Aussage vom Menschen als Bild Gottes in Gen 1,27 zielt im eigentlichen Sinne auf den Menschen als Wesen der Gemeinschaft von Mann und Frau.) Auch Arbeit und Schaffenskraft des Menschen erreichen nach der Heiligen Schrift dort ihr Ziel, wo sie am meisten Gott entsprechen, und das geschieht – anschaulich dargestellt in Ex 25 f – dort, wo der Mensch nach genauem, von Gott gewiesenem himmlischen Urbild das heilige Zelt schafft, wo also ein „Stück Welt" durch den Menschen so entfaltet und gestaltet wird, daß es das „himmlische Bild", den Himmel selbst auf Erden verwirklicht, und die irdische Wirklichkeit zur Wohnung Gottes wird. Somit ist in allen Bereichen das freie Mittun des Menschen am Communio-Wirken Gottes herausgefordert.

Solange aber die Freiheit noch unterwegs ist und noch nicht ihre endgültige Gestalt gefunden hat, besteht die Möglichkeit zum Ja oder Nein, zur „ex-zentrischen" Verwirklichung in der Liebe oder zum Steckenbleiben im Ich-Zentrum. Wenn Letzteres

---

[13] Dies ist der ursprüngliche Sinn des sogenannten Schöpfungsauftrags von Gen 1,28. Siehe dazu N. Lohfink, Unsere großen Wörter, Freiburg – Basel – Wien 1977, 161 ff.

geschieht, wird alles, was nicht Ich ist, diesem unterworfen und einverleibt. Das Ich setzt sich dann zum Mittelpunkt aller Wirklichkeit und nimmt den Platz ein, der nur Gott zukommt. Dabei aber wird zugleich die Rolle Gottes aufs radikalste pervertiert. Während Gott derjenige ist, der vorbehaltlos in Liebe gibt, Anteil schenkt, Gemeinschaft knüpft, sucht der ichzentrierte, „Gott spielende" Mensch alles aufzusaugen, festzuhalten, bei sich zu bleiben. Genau darin besteht das Wesen der Sünde. Ihr „Risiko" mußte Gott sozusagen eingehen, da er zur Communio mit Geschaffenem entschlossen war.
Bevor davon weiter die Rede sein soll, seien einige vertiefende Zwischenüberlegungen angefügt.

2. Nach-Denkendes über das communiale Wesen des Menschen

Das bisher Dargelegte beruht auf Inhalten der biblischen Offenbarung, es versteht sich als eine systematische Zusammenschau von Wahrheiten *des* Glaubens *für* Glaubende. Dennoch handelt es sich nicht um Aussagen, die *allein* innerhalb des Glaubens ihren Platz haben. Es läßt sich zu ihnen – wie zu allen Glaubenswahrheiten – auch ein denkerischer, philosophischer Zugang erschließen. Dadurch wird nicht etwa der Glaube in Denken aufgelöst und durch Reflexion ersetzt. Vielmehr vermag der Glaube nach katholischem Verständnis nach-denkend *erstens* seine eigene Vernunft auszuloten, *zweitens* sich dem Nichtglaubenden einladend plausibel zu machen (ohne diesem dadurch den „Sprung" des Glaubens abzunehmen) und *drittens* denkerische Schwierigkeiten, die sich ihm entgegenstellen, zu beantworten. Durch dieses Nach-Denken zeigen die Wahrheiten des Glaubens, daß sie nicht in einer geschlossenen Region – eben der des Glaubens – stehen, isoliert, womöglich marginalisiert, abgelöst von den übrigen Wahrheiten und Wirklichkeiten des Lebens, sondern daß sie mit diesen auf vielfache Weise verknüpft und vernetzt sind. Ja, durch den Glauben lassen sich viele

Grundfragen und -vollzüge des Lebens erst vollends „aufklären".

Mit Bedacht ist hier Nach-Denken mit einem Bindestrich geschrieben. Er soll darauf aufmerksam machen, daß das Denken, das dem Glauben zukommt, buchstäblich ein „Danach" betrifft. *Nachdem* nämlich Offenbarung ergangen und im Glauben angenommen wurde, ist die Vernunft zu sich selbst gebracht und vermag über den Glauben zu reflektieren. „Fides quaerens intellectum", heißt dafür die Formel der mittelalterlichen Theologie – „Es ist der Glaube, der (sein eigenes) Verstehen sucht."

In diesem Sinn soll über das Vorangehende nach-gedacht werden. Wieweit lassen sich die Grundaussagen über das biblischchristliche Menschenbild: Der Mensch berufen zur Communio mit Gott und dem Mitmenschen, „einsichtig" machen?

Jede Betrachtung und jedes Nachdenken über den Menschen stößt auf ein doppeltes Phänomen: Der Mensch ist *erstens* Person, ein mit Freiheit und Geist begabtes Einzelwesen, das aufgrund der Ursprünglichkeit und Würde seiner Freiheit Beisichsein und Fürsichsein, Selbstand und Selbstbestimmung besitzt. Deshalb darf der Mensch nicht auf etwas anderes hin instrumentalisiert werden, er ist selbst Zweck, nicht Mittel *für* oder Funktion *von* etwas anderem. Als Selbstzweck ist der Mensch sich aufgegeben. Er hat seine Identität noch nicht gefunden, ist noch unterwegs zu unentfremdetem Beisichsein und Fürsichsein, zu wahrem Selbstand und wahrer Selbstbestimmung. Er ist zunächst nur frei, um frei zu werden.

Der Mensch ist *zweitens* Glied der menschlichen Gemeinschaft. Er ist auf vielfache Weise mit anderen Menschen verknüpft und verbunden und vermag nur zusammen mit ihnen sein Leben zu führen und sich selbst zu finden. Das Phänomen ist unbestreitbar. Aber ist es *gleich* ursprünglich wie das erste? *Oder* sind die Beziehungen, in denen der Mensch steht, da, wo sie naturnotwendig sind, etwas Vor- und Unterpersonales, und sind sie da, wo sie personal sind, nur sekundär und akzidentell in dem Sinne, daß das freie Subjekt es ist, das Beziehungen aufnimmt (oder verweigert), so wie es ihm selbst, seinem Selbstsein und -werden förderlich (oder schädlich) ist. Kann dann aber noch von wirklichen Beziehungen, die ja immer eine Form von Wechselseitigkeit einschließen, die Rede sein? Wird jedoch die Wechselseitigkeit anerkannt: Sind dann Beziehungen nicht etwas Negatives, das überwunden werden muß, da sie den unbedingten Selbstand der Person einschränken?

Die Frage stellt sich in dieser Form erst seit der Neuzeit. Hier entdeckt der Mensch in – gegenüber früher – radikalerer Weise die Ursprünglichkeit und Unbedingtheit seiner Freiheit. Um ihrer Verwirklichung willen strebt er nach möglichst einschränkungslosem Selbstand und unbegrenzter Autonomie. Beziehungen und Bindungen gelten als entfremdend, da sie der Verwirklichung des Selbstseins Schranken setzen. Die Frage nach dem Subjektwerden des Menschen wird zur entscheidenden Frage neuzeitlicher Anthropologie. Dabei stellt man sich das Ich-Subjekt als eine Art von „Kern" vor, das um so mehr es selbst werden kann, als es sich von allem „anderen" als überdeckendem „Beiwerk" befreit bzw. das alles „andere" so bestimmt, daß es selbst und es selbst allein sich darin auslegt und verwirklicht. Selbstbestimmung wird so zu einem nicht endenden Kampf gegen alle irgendwo und irgendwie erfahrenen Fremdbestimmungen und Abhängigkeiten, Bindungen und Beziehungen. Diese seit etwa Descartes zu beobachtende Tendenz neuzeitlichen Denkens[14] findet ihren deutlichsten Ausdruck im Wort von

---

[14] Es ist *eine* Tendenz neuzeitlichen Denkens neben anderen! Und auch diese eine Tendenz kann auf ihre innere Ambivalenz hin analysiert werden. Es läßt sich nämlich zeigen, daß das Interesse an der Selbstkonstitution des Subjekts notwendig die Dimension des anderen, ja des Mitseins wenigstens implizit mit einschließt. Genaueres dazu bei Halder / Kienzler / Möller (Hrsg.), Spuren der Erlösung. Religiöse Tiefendimensionen neuzeitlichen Denkens, Düsseldorf 1986. Doch bleibt offen, ob der andere nur Bedingung und Material für das eigene Subjektwerden ist und so die Beziehung auf den anderen hin (und von ihm her) letztendlich doch wieder in den radikalen Selbstbezug zurückgenommen wird.

Karl Marx: „Ein Wesen gibt sich erst als selbständiges, sobald es auf eigenen Füßen steht, und es steht erst auf eigenen Füßen, sobald es sein Dasein sich selber verdankt. Ein Mensch, der von der Gnade eines anderen lebt, betrachtet sich als ein abhängiges Wesen."[15] Selbstand also kontra abhängigmachende Beziehungen!

Dieses Programm erhielt in der Psychologie und Pädagogik der Nachkriegsjahre unter der Leitidee der *Selbstverwirklichung*[16] noch einmal eine ungeheure Breitenwirkung. Als Ideal gilt seither „sich von den gesellschaftlichen Konventionen und den mitmenschlichen Erwartungen, der Fremdbestimmtheit freizusagen und damit dem eigenen wahren und eigentlichen Selbst zum Durchbruch zu verhelfen. Das falsche Selbst, die angepaßte Fassade, entwickelt man, weil man geliebt und akzeptiert werden möchte und sich scheut, eigene Verantwortung zu übernehmen. Zum eigentlichen Selbst findet man durch den radikalen Anspruch, sich in von der Umwelt unabhängigen Gesetzen zu

---

[15] K. Marx, Zur Kritik der Nationalökonomie = WW I, Darmstadt ²1971, 605.
[16] Zur Herkunft und Problematik dieses Begriffs vgl. die Studie von M. Theunissen, Selbstverwirklichung und Allgemeinheit, Berlin – New York 1982. Theunissen zeigt, daß ursprünglich mit Selbstverwirklichung „die Vorstellung einer Entfaltung der je eigenen Individualität" gemeint ist (2). Damit verbindet sich aber im nachhegelschen Denken mehr und mehr die Meinung, „der Mensch könne seine Individualität nur entfalten, wenn er sich aus gesellschaftlichen Verhältnissen löst oder sich gar von allen zwischenmenschlichen Beziehungen zurückzieht" (ebd.). Dieser negative Aspekt des Selbstwerdens *ohne,* ja gegen das andere und die anderen, wird verständlich, wenn man bedenkt, daß sich damit der einzelne gegen seine gesellschaftliche Funktionalisierung zur Wehr setzt. Das Individuum will sich mit dem Programmwort Selbstverwirklichung emphatisch einen Freiraum gegen schlechte Fremdbestimmung sichern. Doch wird dabei die Entfaltung der Individualität nicht selten als „Entfaltung von Macht, als ein Prozeß, in welchem der einzelne durch Abwendung von den anderen sich vor allem seiner selbst bemächtigt", verstanden (47 f).

definieren, als einmaliges und authentisches, nur aus sich und in sich zu verstehendes Wesen."[17]

Doch diese Grundeinstellung zeigt sich in den letzten Jahren – wohl auch unter dem Einfluß der neueren Ökobewegungen, die gegen die Aufspaltung der Welt in selbständige Individualitäten eher wieder Ganzheiten und Verknüpfungen der Wirklichkeit wahrzunehmen suchen – zunehmend als illusionär. Der Mensch besitzt gar nicht jene Unabhängigkeit, die ihm neuzeitlich als Ideal vor Augen gehalten wird – und er strebt sie im Grunde auch gar nicht an. Er möchte vielmehr verläßliche Beziehungen, Anerkennung und Liebe. Und es gibt gar keinen Bereich, der ihm ganz zu eigen wäre[18] – und er ist auch gar nicht darauf aus, einen solchen zu besitzen. Er möchte vielmehr Austausch, Kommunikation und das Glück, beschenkt zu werden und weiterschenken zu dürfen. Ja, er sieht sich selbst als Subjekt nur konstituiert durch Liebe, die ihm zuteil wird. Deshalb entsprechen die folgenden Ausführungen von Joseph Ratzinger tieferer menschlicher Erfahrung: „Für den Menschen ist die nochmalige Setzung seines Seins durch die Zustimmung der Liebe nichts Gleichgültiges, sondern etwas eigentlich Kreatorisches... Er braucht die Setzung seiner Existenz durch Zustimmung, nur so wird er als Mensch in seinem Sein bestätigt und erfüllt. Damit der Mensch sein Ich annehmen kann, muß er irgendwann, in

---

[17] J. Willi, Des Menschen Sehnsucht nach verläßlichen Beziehungen, in: FAZ v. 27. 9. 1986, Nr. 224, S. 10. – Dieser wichtige Aufsatz liegt auch einigen folgenden Gedanken und Passagen zugrunde.

[18] Vgl. dazu Willi, ebd.: „Gäbe es einen unvoreingenommenen Beobachter, der in die Seelen der Menschen hineingucken könnte, so wäre er wohl weniger vom Einmaligen und Einzigartigen eines Individuums beeindruckt als vielmehr davon, wie Denken und Fühlen, Bewußtes und Unbewußtes wenig gebunden an Einzelpersonen ist, sondern sich netzartig ausbreitet über Menschen, die miteinander in Kommunikation stehen. Er käme wohl eher zur Vorstellung, daß Menschen an sie übergreifenden, geistig-seelischen Prozessen teilhaben, daß sie Teil, Partikel von geistigen Strömungen sind, Faser in einem geistig-seelischen Gewebe, Artikulationsstätte oder Resonanzkörper für das, was in der Atmosphäre liegt und zum Ausdruck drängt."

irgendeiner Form vom Du angenommen worden sein... Das Urverlangen des Menschen ist das Geliebtseinwollen, seine Urangst die Angst, der Liebe unwürdig zu werden, sie zu verlieren."[19]

So sind es gerade Beziehungen, die uns den tiefsten Zugang zu uns selbst, zu unserem eigentlichen Sein und Wesen vermitteln und erschließen. Diese Einsicht ist von einer breiten Basis empirischer Beobachtungen getragen, die J. Willi folgendermaßen zusammenfaßt:

„Der Mensch entwickelt sich in Beziehungen. Wir werden in Beziehungen gezeugt, geboren, gestillt, ernährt, gepflegt, unterrichtet und angelernt. Immer sind es mitmenschliche Beziehungen, welche der Entwicklung Anstoß und Form geben. Wie Experimente zeigen, kann sich kein Mensch entwickeln ohne menschliche Beziehungen. Aber auch der Erwachsene entfaltet seine Persönlichkeit nicht aus sich heraus, sondern in Beziehungen...

Wir sind in unserer Verwirklichung nicht unabhängig. Im Gegenteil. Es sind die anderen, die uns zu einem wesentlichen Teil die Möglichkeit geben oder verweigern, das zu werden, was wir werden möchten. Ich bin nun allerdings nicht passiv und wehrlos diesen anderen ausgesetzt. Ich habe die Möglichkeit, sie zu beeinflussen, aber dazu muß ich auf sie eingehen und muß mich mit ihnen anpassen.

Das Wort ‚Anpassung' wird heute vorwiegend negativ gewertet, weil darunter verstanden wird, sich den Forderungen der Umwelt zu unterwerfen und dabei sich selbst aufzugeben. Das ist eine Verzerrung dieses Begriffes. Nichts in der Natur funktioniert ohne Anpassung. Keine menschliche Kommunikation oder Kooperation ist ohne Anpassung möglich. Bei jeder Wechselbeziehung müssen sich alle Beteiligten anpassen in doppeltem Sinne: Man muß die anderen sich anpassen und sich den anderen anpassen...".

[19] J. Ratzinger, Vorfragen zu einer Theologie der Erlösung, in: Erlösung und Emanzipation, hrg. v. L. Scheffczyk, Freiburg – Basel – Wien 1973, 148f.

Ziel der „Anpassung" ist es, daß die vielen einzelnen sich einander „zu-passen", daß sie sich gleichsam ihre Ecken und Kanten, mit denen sie sich aneinanderreiben und -stoßen, abschleifen, so daß aus ihnen ein Wir, eine Communio wird, worin die einzelnen durch gegenseitige Anerkennung, Bejahung und Liebe Einheit finden. Viele Phänomene des menschlichen Lebens zeigen, daß sich im Grunde ein jeder nach solcher glückender Communio sehnt.
Mit dem Communio-Gedanken ist die Idee der Partizipation, der Teilhabe bzw. Teilgabe eng verbunden. Die Grundbedeutung von Communio ist – wie erwähnt – bereits in der Antike: „Gemeinschaft (mit jemand) durch Teilhabe (an etwas)". Jeder gibt dem anderen Anteil am eigenen Leben, und jeder empfängt vom anderen solchen Anteil. Und insofern das eigene Leben immer auch schon durch die Communio mitvermittelt ist, gibt jeder an jeden und empfängt jeder von jedem das, was allen gemeinsam ist: das Beziehungsnetz des Lebens und der Liebe, die in der communialen Vernetzung ihre ganze Vielfalt, Fülle und Fruchtbarkeit entfalten können.
Damit ist auch schon klargestellt, daß das Ich im communialen Wir nicht etwa aufgelöst oder funktionalisiert wird. Vielmehr wird es hier als eigenständige Person erst vollends konstituiert. Wenn nämlich Person durch Relation gekennzeichnet ist[20], so ist das Ich umso mehr ein Ich-selbst, als es diese seine Beziehungen (vom andern her – auf andere hin) bejaht und verwirklicht. Ich werde gerade dadurch immer „einmaliger" und „unauswechselbarer" – mag der Komperativ hier auch noch so seltsam erscheinen –, je mehr ich für andere ein einmaliges und unauswechselbares Du bin. Das In-sich-Stehen und das Auf-andere-hin-Sein bedingen sich also gegenseitig, so daß die Radikalität des Auf-den-andern-hin-Seins die Radikalität des In-sich-Seins bedingt,

---

[20] Vgl. dazu S. 33 f. – Zum relationalen Personverständnis siehe auch G. Greshake, Die theologische Herkunft des Personbegriffs, in: G. Pöltner (Hrsg.), Personale Freiheit und pluralistische Gesellschaft, Wien – Freiburg – Basel 1981, 75–86.

und umgekehrt. Damit ist gegeben, daß in der Erfahrung größtmöglicher Gemeinsamkeit des „Wir" auch die Erfahrung der jeweiligen Unterschiedenheit und Einmaligkeit: das In-sich-Sein, wächst, und umgekehrt[21]. Da ich also in der Communio „Ich" bin, es bleibe, ja es mehr und mehr werde, kann ich der Gemeinschaft auch das Beste geben, was ich habe: *mich selbst*.

Dieser Sachverhalt wird für den Glaubenden im übrigen „anschaubar" im trinitarischen Gottesbild. Die Einheit Gottes (= die eine göttliche Natur) hebt als Communio-Einheit die Vielfalt der Personen nicht auf, und umgekehrt. Vielmehr sind die Dreiheit der Personen und ihre damit gegebenen Beziehungen die konkrete Gestalt, in der das eine göttliche Wesen ist. So zeigt sich, daß es Vielfalt und Unterschiedenheit der Personen in der strikten Einheit der Communio gibt und daß die Einheit der Communio die Vielfalt und Unterscheidungen der Personen freisetzt.
Zwischen Ich-Sein und Wir-Sein, zwischen Einzelsubjekt und Gemeinschaft herrscht mithin ein gegenseitiges Bedingungsverhältnis und Vermittlungsgeschehen[22]. Beides: Person und Communio sind darum gleichursprünglich, wie zwei Pole einer Ellipse, in der keiner auf den anderen reduziert werden kann, soll nicht das ganze Gebilde zerstört werden. Das Ich wird Subjekt durch Communio, die Communio wird durch das Miteinander und Füreinander der einzelnen Subjekte. Deshalb ist die in der Neuzeit vorherrschende Frage nach der Subjektwerdung des Menschen eine Halbierung des tatsächlichen Problems. Mit

---

[21] Vgl. dazu H. Wipfler, Grundfragen der Trinitätsspekulation, Regensburg 1977, 80 ff.
[22] Diese communiale Vermittlung der Geschöpfe verwirklicht sich konkret im Medium der gemeinsamen *Welt*, an dem jeder einzelne durch seinen Leib kommuniziert. Gerade durch die eigene Leiblichkeit ist jeder via Großleib Welt mit jedem anderen verbunden. Siehe dazu auch S. 129, sowie G. Greshake / J. Kremer, Resurrectio mortuorum. Zum theologischen Verständnis der leiblichen Auferstehung, Darmstadt 1986, 258–264.

gleichem Gewicht ist die Frage zu stellen, wie denn jene Communio zustandekommt, in der der einzelne erst Selbstand, Freiheit und Selbstverwirklichung findet und an andere weitervermittelt. Damit hängt die weitere Frage zusammen, ob zwischenmenschliche Communio, wenn sie konstituiert ist, die Subjektwerdung der einzelnen bewirken und garantieren kann.

Diese Fragen stellen sich als aporetisch dar. Beginnen wir mit dem Problem des Zustandekommens der Communio. Hier stellt sich vor allem anderen die Frage, wie die Freiheit des einzelnen mit seinem Eingefügtsein in das communiale Mitsein zu vereinbaren, zu „versöhnen" ist. Jeder Versuch, Communio zu schaffen, steht vor dem Problem, wie denn mit der Freiheit dessen umzugehen ist, der sich der Communio verweigert und damit den communialen Prozeß stört? Dabei ergibt sich das Dilemma: Entweder man respektiert diese Freiheit, dann kommt keine umfassende Communio zustande und die zustandegekommene ist störanfällig; oder man respektiert sie nicht, dann wird Communio zu einem Zwangssystem, das ihrem eigenen Wesen widerspricht. Besonders von letzterem zeugt die Erfahrung der Geschichte. Gerade dort, wo Freiheit sich das Ziel setzte, ein rundherum gelingendes „sittliches Gemeinwesen" als politische Form der Communio zu schaffen, entstanden besonders radikale Formen der Unfreiheit. Richard Schaeffler weist z. B. auf folgendes hin: „Cromwells ‚Parlament der Heiligen' hat den politischen Dissensus als Ausdruck moralischer Verworfenheit beurteilt und daher strafrechtlich geahndet; Robespierres Versuch, die Tugend zur prägenden Kraft der republikanischen Staatsordnung zu machen, hatte den Effekt, daß der politische Gegner zum Verbrecher gestempelt und physisch vernichtet wurde, ja, daß der Schrecken (terreur) ausdrücklich als Mittel zur Durchsetzung moralisch-politischer Ziele eingesetzt wurde. Die jüngsten Beispiele dieser Art bieten die Versuche kommunistischer Staaten, politisch Andersdenkende als moralisch verwerfliche Verbrecher oder als Geisteskranke zu behandeln."[23]
Diese schmerzlichen Erfahrungen dürften den Schluß nahelegen,

daß das Ziel, die Freiheit des Individuums mit communialen Strukturen zu versöhnen, „zwar als *Ziel* allen politisch-praktischen Handelns vorausgesetzt werden [muß]; aber gerade dieses Ziel wird um so leichter verfehlt, je selbstverständlicher es als *Zweck* verstanden wird, der aus der politisch-moralischen Praxis hervorgehen soll. Mit anderen Worten: Das Objektivwerden der Freiheit [ihr Sicheinfügen in ein communiales Gemeinwesen] bleibt die unentbehrliche Ziel-Antizipation moralisch-politischen Handelns, kann aber nicht ohne Gefahr ihrer Selbstperversion in den Gedanken einer *Selbstverwirklichung der Freiheit* umgesetzt werden".[24] Das bedeutet aber, daß das Zustandekommen menschlicher Communio, wo sie mehr sein will als ein äußerer Interessensausgleich der vielen Freiheiten, von Bedingungen abhängig ist, deren der Mensch selbst nicht mächtig ist.

Zum gleichen Ergebnis führt die Betrachtung der zweiten Aporie: Kann die zwischenmenschliche Communio, sollte sie zustandekommen, von sich aus die Subjektwerdung des einzelnen garantieren? Offensichtlich nicht! Denn der Mensch bedarf einer Zuwendung und Anerkennung von seiten des anderen, die im Endlichen unerfüllt bleibt; er sehnt sich und strebt nach einer Liebe, die ein unbedingtes und unerschütterliches Ja zu ihm sagt und diese Bejahung unter allen Bedingungen verbürgen kann. Dazu gehört, daß diese Liebe auch Grund, Sinn und Vollendung des Daseins umgreifen und garantieren kann; dazu gehört, daß sie selbst angesichts von schwerer Schuld und drohendem Tod ihr Ja nicht zurückzieht, sondern einzulösen vermag. „Jemanden lieben, heißt, ihm sagen: Du wirst nicht sterben!", bemerkt Gabriel Marcel[25]. Welcher Mensch aber oder welche Communio von Menschen kann das verbürgen?

---

[23] R. Schaeffler, Freiheit, Geist und eschatologische Gemeinde. Die religionsphilosophischen Implikationen der neuzeitlichen Geschichtsphilosophie, in: Halder / Kienzler / Möller (Hrsg.), Spuren der Erlösung, Düsseldorf 1986, 146 f.
[24] Ebd. 147.
[25] G. Marcel, Das ontologische Geheimnis, dt. Stuttgart 1961, 79.

Und weiter: Wo ist die Liebe, die auch noch ein wirkmächtiges Ja zu sprechen vermag über Schuld und Versagen, Leiden und Tod derer, die *vor mir* gelebt haben und die *in Zukunft* leben werden? Wenn der Mensch Subjekt nur werden kann in der Communio, die als Gemeinschaft zeitverfaßter Menschen alle drei Zeitdimensionen umgreift, so muß das unbedingte Ja der Liebe auch Vergangenheit und Zukunft betreffen, da sonst weder der einzelne in der Gesamtheit seiner communialen Bestimmungen Erfüllung findet, noch die Communio selbst sich Bestand geben kann. Dieser unbedingten Liebe aber ist niemand fähig, weder ein einzelner noch die zwischenmenschliche Communio als Ganze. So müssen wir einander das Entscheidende, wonach sich jeder sehnt, schuldig bleiben. Wir können weder das Dasein des einzelnen noch das der Communio garantieren. Ganz abgesehen davon, daß unter der Bedingung einer sündigen und schuldverflochtenen Menschheit die anderen für mich (und ich für die anderen) immer auch das nichtintegrierbare „Fremde" bleiben, das mich nicht zu mir selbst hin vermittelt, sondern von mir entfremdet, das mich nicht in die Freiheit und Weite communialen Lebens, sondern in die Enge der eigenen Ichsucht stellt. Hier ist der Erfahrungsort des bekannten Sartre-Wortes: „Die Hölle – das sind die anderen."

Nicht von ungefähr kommt es aufgrund dieser Aporien der Liebe zur heute vielfach verbreiteten Einstellung: „Wirkliche Liebe ist unmöglich, und wer es versucht, täuscht sich selbst und geht an diesem Versuch zugrunde."[26] Vielleicht begnügt man sich noch resigniert mit dem „kleinen Glück", einer „warmen", halbwegs gelingenden Zweierbeziehung und deutet die nicht wegzuleugnende Sehnsucht nach der großen Liebe entweder als Illusion oder als jene „unendliche Offenheit", welche die (transzendentale) Bedingung dafür ist, alles je Gegebene zu überschreiten, ohne daß dieser unendlichen Möglichkeit etwas Reales entspricht. Die Sehnsucht nach einer Communio, die von unbedingter Liebe getragen ist und die jedem einzelnen (und sich

---

[26] O. H. Pesch, Frei sein aus Gnade, Freiburg – Basel – Wien 1983, 167.

selbst) Lebensfülle und -vollendung zusprechen kann, hätte dann von vornherein kein Ziel, an dem sie zur Erfüllung käme, sie wäre nur ein Stimulus, auf dem Weg stets flüchtiger, sich immer wieder als unzulänglich erweisender Formen und Gestalten von Liebe und Gemeinschaft weiterzuschreiten, ohne daß ein letztes Ziel winkt.

Über die Feststellung des Zwiespalts zwischen faktischer Endlichkeit und Gebrochenheit menschlicher Communio und Liebe *auf der einen Seite* und dem Wollen und Wissen des Menschen, nur in ganz und gar glückender Communio und in unendlicher Liebe Vollendung zu finden *auf der anderen Seite,* kommt eine philosophische Anthropologie kaum hinaus. So kann sie letztlich nur die unlösbare Grundfrage des Menschseins (samt den daraus sich ergebenden Konsequenzen) darlegen: Der Mensch ist darauf angelegt, in der Communio sein Ganzsein zu gewinnen, und doch kann keine menschliche Instanz solche Communio konstituieren, und keine menschliche Communio kann, sollte sie von Menschen konstituiert sein, das Ganzsein des einzelnen vermitteln und garantieren. Ist diese Aporie das letzte Wort, sozusagen das „ceterum censeo" über den Menschen?

Nun wird auch eine phänomenologische Betrachtung über die Feststellung der Aporie hinaus noch konstatieren, daß (1) im Menschen ein unausrottbarer Drang nach einer Communio der Menschheit steckt, die sich im Rahmen irdischer Verhältnisse als unrealisierbar erweist und *dennoch* von nicht wenigen *tätig angestrebt* wird, und (2) daß es trotz aller Formen von Resignation Menschen gibt, die auf die wahre und „große" Liebe setzen, auch da, wo sie ihrer Endlichkeit innewerden. Wo dies geschieht, öffnen sie sich bewußt oder – oft! – unbewußt einer Bejahung und Liebe, die alles menschliche Stückwerk und alle Vorläufigkeit umgreift und trägt. Sie setzen auf die unendliche Liebe Gottes, in der sich alles Sehnen nach Liebe erfüllt, auf die göttliche Communio, an der alle Gemeinschaft unter Menschen Anteil hat und von der her ihr Vollendung verheißen ist.

Dieser „Vorgriff" auf Unendlichkeit: auf grenzenlose Liebe, erfülltes Leben und glückende Communio, die eine phänomenologische Betrachtung des Menschen nur konstatieren kann, findet im christlichen Glauben Begründung und Klärung, Eindeutigkeit und Sicherheit. Der Glaube bezeugt, daß jene Communio, in der das Sehnen an sein Ziel kommt, von Gott her eröffnet wurde und durch ihn an ihr Ziel gebracht wird. „Christlich kann Communio nicht erstrebt werden, weil sie vorweg von Gott in Christus und in der ‚Durchtränkung' mit dem Heiligen Geist geschenkt worden ist. Alles Eins-sein-Wollen appelliert an ein Immer-schon-eins-Sein: Aber nicht durch uns selbst, nicht aufgrund der natürlichen Mitmenschlichkeit, sondern weil Gott uns in seinem Sohn zu Kindern und Miterben eingesetzt hat. Die geschenkte Einheit ist für uns unverfügbar: sie stammt aus Gott, sie verwirklicht sich in Gott, und Gott bleibt unverfügbar."[27]
Dies aber kann vom Glauben nur *bezeugt* werden. Bezeugung ist hier allein der Sachlage angemessen. Denn Liebe kann man sich nicht aus-„denken", man kann sich nicht in sie hinein-„reflektieren", sie auch nicht sich selbst zu-sagen; sie ist ein Geschehen, das in Freiheit „von außen" geschenkt wird und zukommt. Was aber in Freiheit geschieht, kann nur durch Bezeugung weitergetragen werden. Eben dies tut der Glaube. Er bezeugt, daß Gott seine Liebe mitgeteilt hat im doppelten Sinn des Wortes Mitteilung: Gott offenbart sie, macht sie kund (angefangen von der in die Tiefe des menschlichen Herzens hineingesenkten Gewißheit bis hin zu den Ereignissen der Offenbarungsgeschichte, die in Jesus Christus ihren Höhepunkt erreichen) *und:* Gott gibt sie, indem er teilgibt an jener Liebe und Communio, die er selbst ist; er gibt sie, indem er sich selbst den Menschen gibt.
Dieses Zeugnis des Glaubens ist denkerisch dadurch einleuchtend, daß es dem – auch philosophisch feststellbaren – „communialen" Wesen des Menschen gerecht wird und daß es die oben genannten faktischen Aporien des Menschseins zu lösen vermag. Besser noch: Der Glaube vermag anzugeben, wie allein eine

---

[27] H. U. v. Balthasar, Communio – Ein Programm, in: IKaZ 1 (1972) 9.

Lösung des Problems der „condition humaine" geschehen kann, nämlich dadurch, daß der Mensch der Mitteilung Gottes entspricht, das heißt, daß er sich ihr in Freiheit öffnet und sie als Geschenk empfängt. Alle anderen Lösungen treiben letztlich in die Verzweiflung: entweder in die Verzweiflung darüber, daß der Mensch eine „passion inutile" ist, ein Selbstwiderspruch, der sich mit seiner unmöglichen und tragischen Existenz abzufinden hat, *oder* in die Verzweiflung darüber, daß die aus eigener Kraft zu verwirklichende Communio in die totale Anstrengung treibt *und* zu Formen der Machtausübung und Instrumentalisierung des Menschen führt, die gerade dem Ziel Communio widersprechen. Demgegenüber beruht „die von Gott vorweg gestiftete Communio auf seiner gnadenhaften Erniedrigung, seiner Demut, seinem Armwerden, der reinen liebenden Verflüssigung der Substanz Jesu Christi"[28], die um die Antwort der Liebe wirbt, bittet, bettelt und damit kundgibt, daß Communio nur in der freien Entgegennahme ihres göttlichen Grundes verwirklicht werden kann.

Was aber ist, wenn der Mensch sich weigert, in Freiheit Communio einzugehen?

Versuchen wir, uns diesem Vorgang der Verweigerung, bevor wir ihn theologisch bedenken, philosophisch zu nähern. Wie ist „Verweigerung" überhaupt möglich und denkbar? Hier ist an einen Gedanken anzuknüpfen, den wir schon kurz (S. 37f) gestreift haben. Der Mensch, als geistiges Wesen von Natur (= Schöpfung) her ein bestimmtes individuelles Ich, ist dazu berufen, seine naturhaften Anfangsbedingungen zu transzendieren, Person zu werden im Anruf des Du und in Freiheit Communio einzugehen. Dieser Ruf „ex-zentrisch" zu werden, mein „geschlossenes Ich", in dem ich mich selbst besitze und auskenne, zu verlassen und mich dem andern zu öffnen, ist zwangsläufig ein Risiko. Es scheint sicherer zu sein, unvermittelt „Ich" zu bleiben, als mich durch andere, durch Communio, zu meinem eigentlichen Selbst vermitteln zu lassen. Ängstliches

---

[28] Ebd. 9.

Absichern ist also der Grund, daß der Mensch, indem er „sein Selbstbewußtsein als unmittelbare Identität erfährt und so als selbstkonstitutiv", sich verschließen kann „zunächst gegen die das Dasein konstituierende göttliche Macht und in der Folge auch gegen die Andersheit des innerweltlich anderen"[29]. Das ist – in denkerischer Analyse – das tiefste Wesen der Sünde: Die Weigerung, aus sich selbst herauszutreten, sich zu transzendieren und sein wahres, erfülltes Menschsein auf den Anruf des andern (auf Gott und seine geschöpflichen Vermittlungen) hin zu finden. „Das ursprüngliche Schuldigsein ist das Bei-sich-Bleiben" (Martin Buber). Der Sünder läßt sich vom Sog des in sich geschlossenen Ich ziehen. Er traut seiner Endlichkeit mehr zu als der Öffnung zur Liebe.

Dieser Sachverhalt soll uns nun in theologischer Perspektive weiter beschäftigen.

---

[29] W. Pannenberg, Anthropologie in theologischer Perspektive, Göttingen 1983, 107. – Siehe dazu und zum folgenden auch J. Werbick, Schulderfahrung und Bußsakrament, Mainz 1985, 56–64.

III. Sünde – Verweigerung von Communio

1. Sündenerfahrung heute

Wenn man heute das Wort Sünde gebraucht, kann man keineswegs sicher sein, auch nur annäherungsweise verstanden zu werden. Manche Menschen wissen nicht, was dieser Begriff eigentlich bedeuten soll. So hat z. B. der bekannte Lyriker Gottfried Benn geschrieben: „Niemals hat mich die Frage Schuld und Sünde und Jenseits überhaupt beschäftigt, diese Fragen waren für mich einfach nicht vorhanden. Ich kann mir absolut nichts dabei denken."[30] Mag dies auch eine extreme Äußerung sein, so läßt sich doch kaum verkennen, daß die Phänomene Sünde und Schuld heute ungemein in den Hintergrund getreten sind, ja, daß sie nach Kräften verdrängt werden. Denn wenn wirklich einmal die Erfahrung persönlicher Schuld in den Gesichtskreis zu geraten droht, gibt es gut funktionierende Mechanismen, geradezu „Techniken", dieser erschreckenden Perspektive möglichst schnell den Rücken zuzukehren. Odo Marquard weist dafür auf die in unserer Gesellschaft überaus verbreitete „Fertigkeit des Ignorierens"[31] hin, auf den exorbitanten Sündenbock- und Alibibedarf, auf die Kunst, „es nicht gewesen zu sein". Beliebtes „Vielzweck"-Alibi ist die Gesellschaft, und die Gesellschaft – das sind die anderen. Wo etwas schief geht im eigenen Leben, da bin nicht ich, sondern meine Erziehung, soziale Strukturen, die Verhältnisse es gewesen, kurz: „die anderen", niemals ich selbst. Man singt zwar mit einiger Überzeugung und Lautstärke Lieder wie: „Wir sind alle kleine Sünderlein" oder man gebraucht Sprüche wie „nobody is

---

[30] G. Benn, Brief an seine Tochter (1949), zit. nach M. Sievernich, Schuld und Sünde in der Theologie der Gegenwart, Frankfurt 1982, 16.
[31] O. Marquard, Schwierigkeiten mit der Geschichtsphilosophie, Frankfurt 1973, 76 ff.

perfect". Aber gerade daraus geht noch einmal deutlich hervor, daß man sich dem eigentlichen Phänomen der Schuld nicht stellt, sondern es verniedlicht, so wie Bruce Marshall es einmal ironisch formuliert hat: Sünde sei für den Zeitgenossen „eine mittelalterliche Bezeichnung für einen Wochenendausflug mit einer Schauspielerin, mit der man nicht verheiratet war". Auf dieser Linie hat auch der Begriff der Sünde in den letzten Jahrzehnten eine Reihe tiefgreifender semantischer Verschiebungen erfahren. Dies zeigen Worte wie Verkehrssünder, Umweltsünder, oder Redewendungen wie „sündhaft teuer", „schön wie die Sünde" u. dgl. Diese Redewendungen suggerieren, daß Sünde entweder nicht besonders tragisch zu nehmen ist oder gar, daß es sich bei ihr um etwas Positives handelt, um eine den grauen Alltag sprengende faszinierende Wirklichkeit. Alkohol, Drogen, Sex z. B. gelten als das, was „sündhaft schön" ist. Die tiefgehende, ganz persönliche Erfahrung: Ich bin schuldig geworden, ich stecke bis zum Hals im Dreck, ich bin verloren und komme nicht heraus – diese Erfahrung wird heute weithin abgeblockt, verdrängt, weggelogen. Und wenn dann doch die meisten Menschen irgendwann einmal die Erfahrung nicht mehr abdrängen können, daß sie schuldig geworden sind, da sie von Schuldgefühlen belastet, ja erdrückt werden, stehen die in allen Medien verbreiteten „hautes vulgarisations" von Psychologie und Soziologie bereit, das Entstehen und die Mechanismen solcher Schuldgefühle verständlich zu machen und „wegzuerklären".
Nun sind in der Tat Schuld*gefühle* nicht gleich Schuld*erfahrungen*. Deshalb kann „Aufklärung" über Schuldgefühle nur förderlich sein, um sie von authentischen Schulderfahrungen zu unterscheiden. Auch der Glaube kann davon profitieren. Denn nicht allzu lange liegen die Zeiten zurück, wo man in der kirchlichen Unterweisung an Schuldgefühle appellierte (ja, sie verstärkte) und sie benutzte, um den davon gequälten Menschen auf die Erlösung durch Jesus Christus hinzutreiben. Schulderfahrungen sind aber keine Sache des Gefühls (auch wenn sie ihr Echo in der Gefühlswelt des Menschen haben oder haben können), sondern Sache der Freiheit des Menschen, der anerkennt, sich vergangen

zu haben – an einem Du, an der mitmenschlichen Gemeinschaft, am gemeinsamen Lebensraum Welt oder, und das ist die spezifische Sündenerfahrung, an Gott. Da solche Anerkennung nur in Freiheit geschehen kann, setzt Schulderfahrung voraus, daß man gegen das heute herrschende Klima der Verdrängung, Verharmlosung und Wegrationalisierung des Bösen überhaupt erst einmal die „Ebene" der persönlichen Verantwortung, der Wahrhaftigkeit und des Mutes, für seine Taten einzustehen, betritt, ganz auf der Linie dessen, was das Glaubensbekenntnis „Unsere Hoffnung" der bundesdeutschen Würzburger Synode (1971–1975) folgendermaßen formuliert:
„Christentum widersteht mit seiner Rede von Sünde und Schuld jenem heimlichen Unschuldswahn, der sich in unserer Gesellschaft ausbreitet und mit dem wir Schuld und Versagen, wenn überhaupt, immer nur bei ‚den anderen' suchen, bei den Feinden und Gegnern, bei der Vergangenheit, bei der Natur, bei Veranlagung und Milieu. Die Geschichte unserer Freiheit scheint zwiespältig, sie wirkt wie halbiert. Ein unheimlicher Entschuldigungsmechanismus ist in ihr wirksam: die Erfolge, das Gelingen und die Siege unseres Tuns schlagen wir uns selbst zu; im übrigen aber kultivieren wir die Kunst der Verdrängung, der Verleugnung unserer Zuständigkeit, und wir sind auf der Suche nach immer neuen Alibis angesichts der Nachtseite, der Katastrophenseite, angesichts der Unglücksseite der von uns selbst betriebenen und geschriebenen Geschichte.
Dieser heimliche Unschuldswahn betrifft auch unser zwischenmenschliches Verhalten. Er fördert nicht, er gefährdet immer mehr den verantwortlichen Umgang mit anderen Menschen. Denn er unterwirft die zwischenmenschlichen Verhältnisse dem fragwürdigen Ideal einer Freiheit, die auf die Unschuld eines naturhaften Egoismus pocht. Solche Freiheit aber macht nicht frei, sie verstärkt vielmehr die Einsamkeit und die Beziehungslosigkeit der Menschen untereinander."[32]

[32] Unsere Hoffnung. Ein Bekenntnis zum Glauben in unserer Zeit (1975), in: Gemeinsame Synode der Bistümer in der Bundesrepublik Deutschland, Bd. I, Freiburg – Basel – Wien 1976, 93.

Aber auch wenn der Mensch die Ebene der Verantwortung betritt, sind nicht schon alle Probleme gelöst. Was heißt es, *an Gott* schuldig zu werden, *gegen ihn* zu sündigen? Und was bedeutet es, von solcher Sünde erlöst zu werden? Gehen wir dazu in systematischer Form den Aussagen der christlichen Überlieferung nach.

2. Wesenszüge der Sünde

a. „Das in sich gekrümmte Herz"

Sünde ist nicht einfach nur ein moralischer Fehltritt oder der Verstoß gegen eine verbindliche Wertordnung, das Verfehlen des Maßstabs, vor den ich mich gestellt sehe oder den ich mir selbst als eigenes Ideal gesetzt habe – Sünde besteht ihrem Wesen nach in der Weigerung, sein Leben in Communio zu leben: in der Beziehung zu Gott und in der Beziehung zu den Menschenbrüdern und -schwestern, in der sich die Communio mit Gott „verleiblicht" und „realisiert". Sündigend lehnt der Mensch es ab, ex-zentrisch zu werden; stattdessen sucht er Stand in und bei sich selbst. Er krümmt gleichsam sein Herz in sich zusammen und verschließt es in sich selbst. Das Bild vom „cor incurvatum in seipsum", vom „in sich verkrümmten Herzen" stammt von Augustinus und bringt auf treffende Weise das Wesen der Sünde zur Darstellung. Wer in sich verkrümmt ist, vermag nicht mehr in die Weite zu blicken, weder – im Sinne des „sursum corda" („nach oben") – auf Gott hin, noch „um sich herum", in die Weite der Welt und der vielen Mitmenschen. Wer in sich verkrümmt ist, kann sozusagen nur noch seinen eigenen Bauchnabel betrachten, er ist eingeigelt in der Enge des eigenen Ich, im erstickenden Kreisen um sich selbst. Indem der Sünder Beziehungen der Liebe verweigert und den Selbstbezug zum Grund seines Daseins macht, schaltet er sich von der Quelle wahren und glückenden Lebens, von der Communio Gottes aus.
Sünde ist somit – in der Sprache des Alten Testaments –

Bundesbruch (oder Weigerung, überhaupt der Einladung zum Bund mit Gott zu folgen). Sündigend ver-„sagt" sich der Mensch Gott im wahrsten Sinn des Wortes, d. h. er hört auf „zu sagen", Gott zu antworten. Er bricht den Dialog ab, will seinen Weg allein gehen, sich Leben und Lebensfülle aus eigener Kraft beschaffen, lieber auf sich selbst setzen als von der Beziehung zu Gott alles erwarten. Dies ist in bildhafter Form in der mythologischen Erzählung von Gen 2–3 eindringlich angedeutet: Gott setzt den Menschen in den Paradiesesgarten, Zeichen für die ungetrübte Communio von Gott und Schöpfung sowie der Geschöpfe untereinander. Dort soll er seine Lebenserfüllung finden – von Gott her und nicht in eigenmächtigem Zugriff. In diesem Zusammenhang wird ihm gesagt, er solle von „diesem" Baum nicht essen. Dahinter steckt – wie Marc Oraison treffend sagt – die Aufforderung: „Sei beruhigt und hab' Vertrauen zu mir!" Es ist ein Appell an das vollkommene Vertrauen. Doch bei dieser Aufforderung, sich aus der Hand zu geben und Gott das Vertrauen zu schenken in der Hoffnung, daß dieser Leben und Lebensglück in rechter Weise und zu rechter Zeit mitteilen wird, setzt beim Menschen das Mißtrauen ein: Vielleicht ist Gott doch nicht so gut gesonnen, vielleicht findet man bei ihm doch nicht das ganze Glück, vielleicht enthält er dem Menschen das Schönste vor, sind sein Wille und seine Weisungen gar nur miese, unfair und kleinlich? Im Menschen erwacht die Angst, daß er zu kurz kommt, wenn er allein in der Beziehung zu Gott, d. h. von Gott her und auf seinen Wegen die Fülle des Lebens sucht und empfängt. Er argwöhnt, daß Gott sein Rivale ist, der ihn und seinen Lebensdurst einschränkt. So sucht er sich durch Selbstbestimmung gegen den „Rivalen-Gott" zu behaupten. Aus der ängstlichen Sorge, nicht alles zu erhalten, „ein unersetzliches Stück Selbstverwirklichung für ewig ungenutzt zu lassen"[33], kündigt er das einschränkungslose Vertrauen zu ihm. Er sucht lieber Sicherheit in sich selbst, zieht sich in sich zurück und

---

[33] A. Görres, in: A. Görres / K. Rahner, Das Böse, Freiburg – Basel – Wien 1982, 100.

verweigert Communio. Er möchte „sein wie Gott", und das heißt: sein wie der ihm vom Versucher vorgestellte „Rivalen-Gott", der sein Leben eifersüchtig in der Hand behält und ganz aus sich heraus lebt. Daß Gott in Wirklichkeit der ist, der sich in Liebe verschenkt, vermag die Angst des Sünders nicht zu sehen.

Das also ist das Wesen der Sünde: Aufkündigung der Communio mit Gott, Leben aus sich absicherndem, ängstlichem Selbstbezug. So gesehen bedeutet Sünde – formal gesprochen – mehr als Schuld, und sündigen heißt mehr als schuldig werden. „Das, was menschliche Schuld eigentlich zur Sünde macht, ist, daß der Schuldige das Bewußtsein gehabt hat, daß er vor Gott da ist"[34], bemerkt Sören Kierkegaard. Man kann es aber auch so formulieren: Insofern mit dem Begriff Sünde das Schuldigwerden *vor Gott* thematisiert ist, wird sichtbar, daß Schuld nicht einfach in der Übertretung irgendwelcher Normen, Satzungen und Ideale besteht, sondern im Zuwiderhandeln gegen die eigene *unbedingte Bestimmung*, in der allein man Lebenserfüllung findet, nämlich gegen die Gemeinschaft mit Gott.

Fügt also die Sünde des Menschen Gott selbst etwas zu, tut sie ihm etwas an? Nein und ja!

Nein, insofern Gott durch die Sünde nicht beleidigt wird, so wie ein weltlicher Herrscher sich durch Rebellion und Aufkündigung der Gefolgschaft in seinen Rechten verletzt fühlt. Der Gott der Heiligen Schrift ist nicht der Gott des antiken Prometheus-Mythos, der, auf unnahbarem Throne sitzend, durch hybride Grenzüberschreitung des Menschen seine Göttlichkeit angegriffen fühlt und jeden Versuch dazu unnachsichtig bestraft.

Ja, insofern Gott persönlich durch die Sünde betroffen ist. Um dies zu verstehen, ist an all das zu denken, was bereits S. 29f ausgeführt wurde: Gott will ein Gott der Menschen sein, er will Communio mit den Menschen eingehen. Darin findet er seine Freude, daß er sein Leben den Geschöpfen mitteilt und so sein

---

[34] S. Kierkegaard, Krankheit zum Tode = Ges. Werke 24/25, Düsseldorf 1954, 79.

Eigenstes, sich selbst, in die Beziehung zum Geschöpf einbringt. Damit aber steht Gottes Gott-Sein auf dem Spiel, wenn der Mensch sich ihm verweigert. Wenn seine Liebe zurückgewiesen, wenn sein Gefallen am Geschöpf zunichte gemacht wird, ist Gott selbst und seine „Herrlichkeit", die er in und an der Schöpfung aufstrahlen lassen will, betroffen. Betroffen ist er vor allem dadurch, daß sein geliebtes Geschöpf sich in der Sünde selbst zerstört.

All dies wird auf vielfache Weise in der Heiligen Schrift zum Ausdruck gebracht, so, wenn es bei Jer 31,20 heißt, daß es Gott gleichsam das Herz im Leibe umdreht, wenn er die falschen Wege des Menschen sieht. Gott ist *wie* eine, ja *mehr* als eine Mutter, die ihr Kind nicht vergessen kann (Jer 49,15f), wie ein Mann, der seiner ersten Liebe nachtrauert: „Kann man denn die Frau verstoßen, die man in der Jugend geliebt hat?, spricht dein Gott" (Jes 54,6). Sein Name – seine Ehre in der Schöpfung steht auf dem Spiel (vgl. z. B. Jes 48,9ff; Ez 20,44). Darum eifert Gott um den Menschen. Gerade das biblische Motiv der „Eifersucht Gottes" zeigt, daß es ihm nicht gleichgültig ist, was aus seinem Heilsplan, der Communio mit den Geschöpfen, wird. Darum nimmt er durch die Propheten den Kampf gegen die Götzen – die Selbstprojektionen und aufgebauten Lügen des Menschen – auf. Er eifert, kämpft, wirbt um den Menschen, auf daß seine Communio sich durchsetzt.

Allein von hier aus wird klar, in welchem Sinn man von einer „Beleidigung Gottes" durch die Sünde sprechen kann. Thomas von Aquin sagt ausdrücklich: „Gott kann von uns nicht beleidigt werden, es sei denn dadurch, daß wir gegen unser eigenes Wohl handeln" (ScG III, 122). Indem der Mensch in der Sünde die Communio aufkündigt, handelt er gegen jenes Ziel, in dem allein er Glück, Heil und Vollendung findet und in dem allein Gott seine Herrlichkeit aufgerichtet sehen möchte: die vollendete Gemeinschaft Gottes mit den Menschen. Wenn daher das geliebte Geschöpf sein Ziel aus den Augen verliert oder ihm bewußt zuwiderhandelt und dadurch sein Leben und seine Zukunft zerstört, wird Gott be-leidigt, wird ihm selbst Leid zugefügt, gemäß dem schönen Wort des Origenes: „Weißt du nicht, daß Gott, da er sich mit den Menschen einläßt, menschliches Leiden erleidet?... Er leidet an der Liebe!"

b. Sünde als Zu-kurz-Greifen

Auch und gerade in der Sünde will der Mensch sich Glück und Freude, Befriedigung und Lebensglanz, Selbstverwirklichung und Identität verschaffen, aber: *er* allein *sich selbst*! Gerade dies hat paradoxerweise das Gegenteil zur Folge. Denn der Mensch ist nun einmal von Schöpfung = von seiner Wesensnatur her darauf angelegt und dazu berufen, nur in der Beziehung zu Gott wahres Leben und selige Lebensvollendung zu finden. Darum ist die Sünde zugleich ein Anschlag auf den eigenen Hunger nach Leben. Selbstverschafftes und selbstergriffenes Leben zeigt sich immer als „zu wenig". Von Schöpfung her zu einem Leben in Fülle berufen, greift der Sünder zu kurz. Er bleibt auf halbem, viertel... x-tel Wege stehen. Er versucht, sich Einzelstücke von Leben anzueignen, so, als ob diese schon das Ganze ausmachten. Teile wie Genuß, Sex, Geld, Prestige, Erfolg, Macht, Anerkannt- und Geliebtwerden usw. werden mit absolutem Engagement angestrebt und festgehalten, als ob darin alle menschliche Sehnsucht zur Erfüllung käme. Nicht daß diese „Teile" in sich schlecht oder böse wären! Aber Teile, die zum Ganzen hochstilisiert werden, bewirken Desintegrationen und Zerstörungen: im eigenen Leben, das so niemals zur Ganzheit gelangt, und im communialen Zusammenleben, das durch Unordnungen und Verfälschungen im Leben der einzelnen auch seinerseits gehemmt und beeinträchtigt wird.

Noch einmal: Auch in der Sünde bleibt der Mensch auf sein ihm gesetztes Ziel hingeordnet: Er will leben, er will Leben in Fülle und vollendetes Glück gewinnen. Sein „unruhiges Herz" läßt ihm gar keine andere Wahl. So hat es schon Thomas v. Aquin formuliert: „Das Begehren nach dem *letzten* Ziel ist nicht unter den Dingen, deren wir Herr sind" (STh I,94,1). Denn wir selbst „haben" nicht, sondern „sind" aufgrund unserer Beziehung zum unendlichen Gott eine Schwerkraft zu Lebensfülle und vollendetem Glück. Diese „Schwerkraft" kann man zwar leugnen, umdeuten oder verdrängen, aber nicht außer Kraft setzen. Man kann zwar dekretieren: Dieses oder jenes reicht mir – das kleine Glück, ein halbwegs zufriedenstellendes Leben, und dafür brauche ich Gott nicht! Doch ein mediokres Leben und ein kleines vergängliches Glück, das nicht offen ist für die Fülle und nicht nach Dauer verlangt, macht irgendwann einmal alle Daseinsfreude zunichte, es erstickt und bringt die eigene Grenze leidvoll zum Bewußtsein. Deshalb ist auch die gelegentlich so leichthin geäußerte Meinung: das Dasein sei schon das Glück, es selbst befriedige den Lebenshunger des Menschen, im Grund genommen mit der absurden These identisch, die Stillung des Durstes bestünde in der Weiterexistenz des Dürstenden[35]. Nein, von jedem selbstgegriffenen und darum zu kleinem und zu vorläufigem Stück Leben gilt das Wort von André Gide: „Das Furchtbare ist, daß man sich nie genügend betrinken kann."[36]

Und dennoch unternimmt der Sünder immer wieder eine Art von Falschmünzerei: Etwas, was letztlich nicht wert ist, mit absoluter Hingabe angestrebt zu werden, etwas Endliches und Begrenztes, wird zum höchsten Wert und damit zum Götzen gemacht, dem man dient, um Lebenserfüllung zu finden. Gerade dies zeigt aber auch noch einmal, daß der Mensch im Grunde auf den wahren lebendigen und Leben gewährenden Gott hin angelegt ist. Denn im gleichen Akt, in dem er das Verhältnis zu diesem wahren Gott kündigt, wird ein Götze aufgestellt, dem er mit Hingabe dient. Deshalb lautet auch die „klassische" Definition der Sünde: „aversio a deo et conversio ad creaturam" – „Abwendung von Gott und Hinwendung zur (nunmehr vergötzten) Kreatur". So ist Sünde immer auch Lüge. Sie lügt die Wirklichkeit um, indem sie etwas Endliches mit dem Schein der Unendlichkeit versieht. Aber Endliches vermag den unendlichen Durst nach Leben, Liebe und Glück nie und nimmer zu befriedi-

---

[35] Vgl. dazu J. Pieper, Glück und Kontemplation, München 1957, 34.
[36] A. Gide, Tagebuch 1889–1939, Bd. I, Stuttgart 1950, 105.

gen. Auf das Ganze, auf Fülle, auf Communio angelegt, kann der Mensch in der fragmentarisierenden, desintegrierenden und isolierenden Sünde keine Identität finden. Dies weiß und erfährt er auch sehr genau. Denn lieben kann man mit ganzem Herzen, sündigen nicht, da die Sünde immer einen Zwiespalt, einen Bruch zwischen der schöpfungsmäßigen Hinordnung des Herzens und der verfehlten Freiheitstat in sich birgt.

So zerstört der Sünder, indem er sich der Communio mit Gott (und den Mitmenschen) verweigert, sich selbst. Er zerstört seine eigenen Lebensmöglichkeiten und -hoffnungen, er macht sich buchstäblich – alltagssprachlich formuliert – selbst „kaputt" oder – in der Sprache der Heiligen Schrift – er stellt sich in den Bereich des *Todes*.

Dabei meint Tod mehr als nur den biologischen Tod, das Erlöschen der physischen Lebenskraft. Tod, im Sinn der Heiligen Schrift verstanden, ist die Sphäre der Sinn- und Hoffnungslosigkeit, der Leere und Nichtigkeit. Dafür ist der biologische Tod freilich ein unübersehbares Zeichen. Denn an ihm kommt leibhaftig heraus, daß der Mensch, der vermeint, sein Leben selbst ergreifen, „haben", festhalten und über es verfügen zu können, ins Nichts läuft, da er sich über die Todesschwelle nicht zu retten vermag. Der Sünder, der „sich selbst lebt" (vgl. 2 Kor 5,15), der sein Leben nicht als Gabe und Aufgabe von Gott her empfängt und es in Communio mit ihm führt, ist sich selbst und seinen eigenen Möglichkeiten überlassen, die sich von ihrem Ende, dem leiblichen Tod her, als nichtige Möglichkeiten erweisen.

Dies spürt der Sünder auch. Deswegen stürzt ihn die „dura certae mortis sors" – „das harte Los des sicheren Todes" noch einmal mehr in die Sünde. Es ist gerade – wie Hebr 2,14 sagt – „die Furcht vor dem Tod, welche ein Leben lang der Knechtschaft verfallen läßt", indem man „trotzdem" versucht, in einem nie zur Ruhe kommenden Getriebensein sich soviel Leben wie möglich selbst zu verschaffen. Paulus nennt diesen Sachverhalt „Begehren", d. h. der Mensch trachtet danach, alles was er hat und was er tut und was ihm begegnet, so auszunutzen und sich so

anzueignen, daß es ihm Leben bringt. Aber solches Begehren nach selbstverschafftem Leben im Widerspruch gegen die Communio Gottes (mit Gott und den Menschen) führt nur noch mehr in den Tod. Das unweigerliche Sterbenmüssen besiegelt alles vermeintlich selbstmächtige Leben als Tod, alle angemaßte Freiheit als Verstrickung in die eigene Ohnmacht, alles selbstergriffene Glück als Bruchstück, alle Selbstliebe als Lüge. So kommt es im Sterben gleichsam handgreiflich heraus, was es mit der Existenz des Sünders auf sich hat: Das Leben, das meint, über sich selbst verfügen zu können, verläuft ins Leere. In diesem umfassenden Sinn ist das Schriftwort zu verstehen: „Der Sold der Sünde ist der Tod" (Röm 6,23).
Dies sind nun keineswegs nur theologisch-spekulative Überlegungen. Sie lassen sich ganz konkret an jeder Sünde nachweisen: Jede Sünde kann beschrieben werden als eine Variation dessen, was – bildhaft gesprochen – ein Heroinsüchtiger tut, der meint, sein Lebensglück in einer Dosis der berauschenden Droge zu finden. Im Letzten aber weiß er um die Konsequenz, daß er sich gerade so selbst zerstört. Ähnlich läßt sich jede Sünde als eine Art Droge charakterisieren. Man glaubt, darin Leben, Glück, Befriedigung zu finden, aber was zuletzt bleibt, ist ein schaler Geschmack, Sinnleere, Blockierung wahrer Freiheit, Verlust von Perspektiven, die weiter reichen als nur das kleine Glück des schnell vergehenden Augenblicks. So ist die Sünde Selbstzerstörung, Anschlag auf die eigene Lebenserfüllung.

c. Die gesellschaftliche Dimension der Sünde

Doch die Sünde richtet sich nicht nur gegen die eigene Lebenserfüllung! Sie hat auch böse Konsequenzen für die menschliche Gemeinschaft, sie richtet sich tendenziell gegen das Ganze der communial verfaßten Welt. Von ihrem Wesen her greift sie über auf die Umgebung, so wie ein Bazillus von einer entzündeten Wunde aus alles Erreichbare infiziert und krank macht. Dieser Zusammenhang läßt sich unter verschiedenen Gesichtspunkten betrachten:

Erstens: Wenn – wie S. 31 f dargelegt – die Communio mit Gott aufs engste mit der Communio zu den Mitmenschen verbunden ist, ja, wenn die Communio mit Gott sich gerade in der zwischenmenschlichen Beziehung konkretisiert, symbolisiert, verleiblicht, dann kann es gar keine Sünde gegen Gott geben, die sich nicht zugleich auch in einer Beeinträchtigung oder Zerstörung des Lebens der Gemeinschaft realisiert, gleichsam „umsetzt". (Und natürlich auch umgekehrt: Wenn Gott Grund und Ziel, „das Herz" aller innergeschöpflichen Communio ist, ja, wenn er selbst sich zu einem „Gott der Menschen" bestimmt hat, dann kann es keine Sünde gegen die Communio von Menschen geben, die sich nicht auch gegen ihn richtet.)

In Kategorien des Alten Testaments läßt sich das auf folgende Weise einsichtig machen: Da Jahwe sich zum Gott des Volkes bestimmt hat („Ich, euer Gott – Ihr, mein Volk"), bedeutet „zum Volk gehören" soviel wie „mit Gott im Bund stehen", und umgekehrt. Als Bundesgott aber hat Jahwe seinem Volk einen Raum heilvollen Lebens eröffnet und diesen Lebensraum durch die sogenannten „Zehn Gebote", besser: durch die „Zehn Worte des Lebens" abgesteckt. Wer sich gegen diese Grenzmarken verfehlt, wird schuldig sowohl an Gott, dem Urheber von Bund und Leben, als auch am Nächsten, am „Volk", dessen Lebensraum beeinträchtigt wird.

Und weiter: Indem der Sünder sich von Gott lossagt, versagt er sich auch dem Mitmenschen. Denn wer Gott als tragenden Grund seines Lebens verliert, verliert damit auch den tragenden Grund für jede wahrhafte und bis ins Letzte glückende zwischenmenschliche Beziehung und vermag darum auch dem Du des Mitmenschen nur noch auf gebrochene Weise zu begegnen. Wer sich auf sich selbst zurückzieht und den Selbstbezug zur Grundlage des eigenen Lebens macht, muß eo ipso auch den andern verdinglichen, verobjektivieren, zu eigenem Nutzen gebrauchen. Diese theologischen Überlegungen lassen sich auch unter folgendem Gesichtspunkt phänomenologisch verifizieren:

Zweitens: Da jede Sünde, mag sie auch noch so verborgen und „tief-innerlich" sein, sich im leibverfaßten Menschen zwangsläufig auf irgendeine Weise „verleiblicht" – im persönlichen sozialen Verhalten, in Rede und Handlungsweise, in destruktiver Praxis gegen Institutionen, Ordnungen und Werte –, erhält sie immer eine soziale Greifbarkeit, ein Stück Welt wird durch sie desintegriert und zerstört. Das Zusammenleben der Menschen wird von ihr mitbetroffen. Man braucht nur an so augenfällige Phänomene wie Verleumdung, Verrat und Untreue, Intrigen, Ausbeutung, Macht- und Konkurrenzkämpfe, Sich-selbst-Durchboxen auf Kosten anderer u. dgl. denken. Durch Häufung oder Zuspitzung solcher negativer Verhaltensweisen entstehen ungerechte, den Frieden unmöglich machende Strukturen, Verhältnisse und Institutionen, in denen das menschliche Zusammenleben vergiftet, ja tödlich verwundet wird. – Dieser Sachverhalt läßt sich auch psychoanalytisch gesehen noch weiter thematisieren.

Drittens: Jede Sünde ist eine Variation des „cor incurvatum in seipsum", ein Sich-auf-sich-selbst-Beziehen, ein Kreisen um sich selbst. Genau dies führt „zu einer Art von Einengung auf diese oder jene Weise, Einengung des Lebensraumes, der eigenen Persönlichkeit"[37]. Aus Enge aber entsteht Angst. Schon sprachlich gesehen, gehen beide Worte auf die gleiche Wurzel zurück. Enge ist der reale Urgrund von Angst. Und Angst wiederum ist die tiefste Ursache für Aggressionen jeglicher Art, die das Ziel haben, das eigene Ich abzuschirmen und abzusichern. Weil man dadurch aber einen nur noch engeren Schutzwall um sich zieht, erwacht neue, gesteigerte Angst, die sich wiederum in gesteigerter Aggression gegen die eigene Person, die Mitmenschen und die Umwelt äußert. So erhält das zunächst individuelle Böse gesellschaftliche Dimensionen, und die Weite liebender Communio wird durch den Teufelskreis gegenseitiger Aggressionen abgelöst.

Viertens gehört zur Sünde, daß sie ihre falschen Maßstäbe nicht nur dem Ganzen der Wirklichkeit aufprägt, sondern sie auch

---

[37] M. Oraison, Was ist Sünde?, Freiburg – Basel – Wien 1982, 16f mit näheren Begründungen.

werbend an alle weiterzugeben sucht. Kein Mensch kann nämlich ohne die Integration seiner Handlungen in das Ganze eines Lebens- und Weltentwurfs existieren. Deshalb bleiben auch einzelne sündige Taten nicht isolierte Handlungs-„punkte", sondern sie werden – falls sie nicht bereut und zurückgezogen werden – sofort in ein umfassendes Handlungsmuster, in dem sie ihren stimmigen Ort haben, integriert. Dies hat zur Folge, daß die Sünde die Tendenz hat, die ganze Wirklichkeit umzufälschen, indem sie ihr jene Maßstäbe aufstempelt, denen sie entspricht und worin sie „hineinpaßt". Deshalb sind so häufig mit dem Sündigen Redensarten verbunden wie: „So handeln doch alle!" – „Wo käme man hin, wenn man sich nicht so verhielte!" – „Die Welt ist nun einmal so, daß man dermaßen agieren muß!" und immer wieder: „So handeln doch alle!" In solchen „Sprüchen", die gelegentlich emphatisch vorgetragen werden, zeigt sich, wie die einzelne Sünde sich geradezu unter Legitimationsdruck gestellt sieht und sich darum einen stimmigen Rahmen zu schaffen sucht. Der Sünder baut sich gleichsam eine Festung auf, hinter die er sich verschanzt, immer in der Furcht, man könne zum Sturm gegen seine Bollwerke ansetzen. Dieses Bild stammt von Paulus, der davon spricht, daß „seine Waffen", nämlich die befreiende Wahrheit des Evangeliums, „die Macht haben, Festungen zu schleifen und alle hoch aufgereckten Gedankengebäude, Sophismen niederzureißen" (2 Kor 10,4f). In der Tat, so lange steht der Sünder unter dem Zwang sich zu verteidigen, um vor sich und anderen bestehen zu können, als ihm nicht das Evangelium sagt, daß er trotz seiner Sünden angenommen ist und deshalb alle falschen Rechtfertigungsversuche aufgeben darf. Jedenfalls: wenn Sünde nicht als solche erkannt und anerkannt ist, greift sie durch die Proklamation neuer, falscher Maßstäbe auf die Mitwelt über, stellt das Zusammenleben in Frage und infiziert es durch ihr Böses.

Diese vier verschiedenen Gesichtspunkte zeigen ein- und dasselbe: Sünde ist nicht allein meine Privatsache, sie betrifft immer auch die anderen mit und verstellt oder zerstört den Raum guten, gelingenden Lebens für alle. Sie besagt nicht nur Verweigerung der Communio mit Gott, sie macht auch wahre Communio mit den Mitmenschen zunichte, da sie Vor-„Gabe" und Anreiz des Bösen für die anderen bedeutet. Weil Sünde Beziehungsverlust oder Beziehungsstörung ist, ist sie „nicht allein eingeschlossen ins einzelne Ich. Wenn ich die Beziehung zerstöre, dann trifft dieser Vorgang – die Sünde – auch die anderen Beziehungsträger, das Ganze. Deswegen ist Sünde immer Versündigung, die auch den anderen trifft, die die Welt verändert und sie stört"[38].

d. Sünde als „Erbsünde"

Von dieser gesellschaftlichen Dimension der Sünde her wird auch verständlich, daß die Ursünde der Menschheit sich zu einer die ganze weitere Geschichte prägenden düsteren Macht ausgewirkt hat, der keiner aus sich heraus entrinnen kann. Weil durch die Sünde am Beginn der Menschheit das Beziehungsgefüge des Menschseins von Anfang an gestört ist, tritt jeder einzelne in eine Menschheit ein, die nicht von der Communio der Liebe, sondern von sündhafter Vereinzelung und Selbstbezogenheit her geprägt ist. „Jeder ist deshalb schon von seinem Anfang her in seinen Beziehungen gestört, empfängt sie nicht, wie sie sein sollten. Die Sünde greift nach ihm und er vollzieht sie mit" (J. Ratzinger). Jeder stimmt in sie auf seine Weise mit ein und bewirkt dadurch, daß das Böse ständig vermehrt und gesteigert wird.
Bernhard G. Langemeyer hat die Struktur dessen, was wir meist mißverständlich „Erbsünde" nennen, an einem analogen, anschaulichen Beispiel klargelegt[39]. Man betrachte einen *Rufmord* in einem relativ geschlossenen Wohngebiet. Alles kann damit beginnen, daß eine leicht hingeworfene Bemerkung weitererzählt, aufgebauscht und unkritisch übernommen wird,

---

[38] J. Ratzinger, Im Anfang schuf Gott, München 1986, 56. – Siehe auch für das Folgende.
[39] G. Langemeyer, Theologie im Dialog mit der Wirklichkeit, Würzburg 1979, 139 ff. – Das Folgende basiert bis in einige Formulierungen hinein auf diesen Darlegungen.

vielleicht mehrere Generationen hindurch. Daraus entsteht allmählich eine Atmoshäre des Mißtrauens, schließlich ein verbreitetes Vorurteil. Der Betroffene bzw. die betroffene Gruppe wird dadurch von den anderen isoliert. Der notwendige soziale Lebensraum wird ihm bzw. ihr entzogen. Die Folge dessen kann je nach Umständen und Veranlagung Gewalttätigkeit, Verwahrlosung oder sogar Selbstmord sein. Bei wem liegt dann die Schuld? Die einzelnen je für sich sind an diesem Rufmord vielleicht nur schuldig geworden durch Sensationslust, Gedankenlosigkeit, Trägheit, Feigheit. Auf den einen mehr oder weniger, der darin eingestimmt hat, kommt es dabei gar nicht an. Und selbst wenn einige in böswilliger Absicht gehandelt hätten, so würde ihr Verhalten allein nicht den schlimmen Effekt haben können. Gerade das Zusammentreffen und Zusammenwirken der vielen kleinen und größeren Unmenschlichkeiten konstituiert eine Schuld eigenen Ranges, für welche die einzelnen weder voll verantwortlich noch ohne jede Verantwortung sind. Eine ursprüngliche, vielleicht sogar geringe persönliche Schuld hat sich gleichsam verselbständigt und ist wie ein Verhängnis zum auslösenden Faktor weiterer persönlicher – größerer oder kleinerer – Schuld geworden. Und dies in einer ständig steigenden Spirale, in einem dauernd sich dynamisch ausweitenden Teufelskreis des Bösen.

Ist das aber Schuld? Gehört zur Schuld nicht persönliche Verantwortung, und muß dazu nicht der Betreffende die Folgen seines Verhaltens vorhersehen und sie in Freiheit übernehmen? Nicht unbedingt! Denn es gehört zur Eigenart menschlicher Freiheit, daß sie immer in Zusammenhänge eingeht, die nicht von vornherein genau übersehbar sind. Deshalb wird in jedem frei verantworteten Verhalten ein Risiko mitübernommen, das zwar nicht vom einzelnen *allein*, aber doch *auch* von ihm mitverantwortet werden muß. So „mischen" sich auch im genannten Beispiel des Rufmordes Schuld und Verhängnis, Freiheit und Schicksal auf unlösbare Weise.

Eben darin besteht nun die spezifische Struktur der sogenannten Erbsünde: Aus persönlicher Schuld am Beginn der Menschheitsgeschichte entsteht eine böse gesellschaftliche Situation, die sich weiterzeugt und ständig dadurch steigert, daß immer neue Betroffene das böse Spiel „mitspielen" und „weiterspielen". Dadurch werden all jene Kräfte, die von Gott der Schöpfung ursprünglich eingestiftet wurden, damit sie zum Aufbau der Communio beitrügen, pervertiert. Die gegenseitigen Verknüpfungen und Vernetzungen der vielen einzelnen dienen nun nicht mehr der von Gott eingeschaffenen Dynamik und Logik der Liebe, sondern der Weitervermittlung des destruktiven Bösen. Kein Wunder, daß sich darum das Böse als eine übermenschliche Macht („Teufel") mit einer eigenen Dynamik und Logik darstellt: Es ist die Perversion der „übermenschlichen" Macht der göttlichen Liebe, ihrer Dynamik und ihrer Logik.

So bestätigt sich noch einmal, daß die Sünde kein individuelles Geschehen zwischen Mensch und Gott ist, auch nicht nur ein direkt-„religiöses" Geschehen (Verweigerung von Communio mit Gott). Vielmehr ist die Sünde eine böse Macht, die über den einzelnen hinaus auf das Ganze übergreift und den eigentlichen Grund für die Unerlöstheit der Welt darstellt, die sich uns tagtäglich in tausenderlei schrecklichen Formen aufdrängt.

3. Misere der Welt oder Sündenstrafe?

Angesichts dieser Wesenszüge der Sünde zeigt sich auch, was vom heute vielfach beschworenen „Paradigmenwechsel" für Unheilserfahrung zu halten ist (vgl. S. 28). Früher – sagt man – haben die Menschen ihre Unerlöstheit, ihren Jammer und ihr Elend tatsächlich an der durch die Sünde verursachten Trennung von Gott erfahren, an der Strafe und am Zorn Gottes. Deshalb haben sie sich nach einem gnädigen, verzeihenden Gott gesehnt, um von ihm Erlösung zu empfangen. Heute dagegen – so kann man hören – erfährt man das Unerlöstsein auf andere Weise, nicht mehr an der Sünde vor Gott und ihren Folgen, sondern an den Schwierigkeiten, mit sich selbst ins Reine zu kommen, am desolaten Zustand der zwischenmenschlichen, innergesellschaftlichen und zwischenstaatlichen Beziehungen und schließlich am zunehmend verwüsteten Gesicht unserer Umwelt. Darum richtet sich das Verlangen nach Erlösung auch nicht mehr so sehr auf Gott als auf eine neue befreiende, erlösende Praxis des Menschen selbst.

Gewiß trifft dieser „Paradigmenwechsel" der Erfahrungsweise für viele Menschen zu. Aber gerade dies ist ein bezeichnendes Indiz dafür, daß heute vielfach das Wesen der Sünde verkannt wird. Erfahrung der Unerlöstheit am Faktum der Sünde gegen Gott und Erfahrung der Unerlöstheit an der Misere der Welt ist nichts prinzipiell Verschiedenes; beides verhält sich zueinander wie Grund und Folge. Die Sünde ist die Ursache der katastrophalen Situation der Welt, eben weil sie sich nicht nur in der intimen religiösen Beziehung zwischen Gott und Mensch, sozusagen im Herzen des Menschen allein abspielt. Sie konkretisiert, „äußert" und verleiblicht sich in den chaotischen und dämonischen Ereignissen und Zuständen von Welt und Gesellschaft. Mit der Kündigung der Communio mit Gott von seiten des Menschen geht also die Pervertierung, Zerstörung oder Beeinträchtigung der communialen Struktur der Schöpfung einher.

Diese Diagnose ist von ausschlaggebender Bedeutung, um zu erkennen, wo und wie denn eigentlich Erlösung zu erwarten ist, *wahre Erlösung,* welche nicht nur einige Symptome kuriert, sondern die tödlichen Wunden der Schöpfung direkt und endgültig heilt. Die Diagnose muß erst einmal stimmen: Weil der Mensch aus der allein wahres Leben gewährenden Beziehung zu Gott ausgebrochen ist und ausbricht, ist die Welt im desolaten Zustand der Unerlöstheit.

In diesem Zusammenhang kann man durchaus auf den traditionellen Begriff der Sündenstrafe verweisen. *Nur,* Strafe darf hier nicht als eine eigens von Gott verhängte Buße für begangene Schuld verstanden werden. Die Strafe ist vielmehr der Sünde immanent; sie ist als ihre innere Konsequenz ipso facto mitgegeben. Sie ist also nicht das Mittel, womit ein durch die Sünde beleidigter und erzürnter Gott sich am Sünder rächt und so „sein Mütchen" schließlich doch noch an ihm kühlt. Der christliche

Gott ist weder ein Rächer-Gott, noch ist die Sünde einfachhin eine Beleidigung Gottes (im Sinne der Beeinträchtigung seiner persönlichen „Ehre") (vgl. S. 60). Nein, da die Sündenstrafe in ihrem Wesen die innere Auswirkung der Sünde ist, ist es im Grunde der Sünder selbst, der sündigend die Strafe, konkret: den Verlust wahren und erfüllten Lebens über sich und seine Mitwelt verhängt.

Diesen Sachverhalt bringt die Heilige Schrift auf vielfache Weise zum Ausdruck. Pauschal ist hier auf den sog. Tun-Ergehens-Zusammenhang im Alten Testament aufmerksam zu machen. Man ist davon überzeugt: Eine positive Tat hat eine positive Tatfolge, eine negative die entsprechend negative. Zwar ist im Alten Testament oft davon die Rede, daß Gott die Sünde bestraft, aber mindestens ebenso häufig wird zum Ausdruck gebracht, daß „Jahwe das Tun des Bösen auf das Haupt des Sünders zurückfallen läßt" (z. B. 1 Kön 8,32). Das heißt: Die Strafe liegt nicht in einer eigenen aktiven Reaktion Gottes auf die Sünde, sondern darin, daß vom Sünder (und seiner Mitwelt) die Konsequenz des bösen Tuns zu tragen und zu erleiden ist.

Daß die Strafe der Sünde immanent ist, wird auch im Neuen Testament an zentralen Stellen herausgestellt. So sieht Paulus in Röm 1,18 ff das Wesen der Sünde darin, daß der Mensch Gott nicht anbetet und nicht dankt (V.21), also nicht aus der Beziehung zum Schöpfer heraus lebt. Stattdessen haben die Menschen sündigend „die Herrlichkeit des unvergänglichen Gottes mit Bildern vertauscht" (V.22), d. h. sie haben sich, statt in Communio mit dem allein wahres Leben gewährenden Gott zu bleiben, mit geschöpflichem Abklatsch begnügt. „Sie vertauschten die Wahrheit Gottes mit der Lüge, sie beteten das Geschöpf an und verehrten es anstelle des Schöpfers" (V.25). Der Aufkündigung der Beziehung zu Gott entspricht also die Vergötzung eines endlichen, begrenzten Gutes, welches der Sehnsucht des Geschöpfes nach Leben nicht wirklich entsprechen kann. Deshalb wird durch die Fixierung des Lebenshungers auf einen Götzen der Mensch, der ursprünglich zum freien Herrn der Schöpfung bestellt ist und der in der Gemeinschaft mit Gott dessen „freier Sohn" und „Erbe" sein darf, zum unfreien Sklaven und Urheber einer pervertierten Welt. Denn – so fährt der Text fort – „Gott lieferte sie darum entehrenden Leidenschaften aus... und einem verworfenen Denken, so daß sie tun, was sich nicht gehört: Sie sind voll Ungerechtigkeit, Schlechtigkeit, Habgier und Bosheit, voll Neid, Mord, Streit, List und Tücke. Sie verleumden und treiben üble Nachrede. Sie hassen Gott, sind überheblich, hochmütig und prahlerisch, erfinderisch im Bösen und ungehorsam gegen die Eltern, sie sind unverständig und haltlos, ohne Liebe und Erbarmen" (V. 26 ff).

Paulus zeichnet hier in Vorstellungen seiner Zeit das Bild einer dämonischen Welt und den Verlust guten, glückenden Lebens. Dies wird aber nicht als eine äußere, eigens von Gott verhängte Straffolge, sondern als „Auslieferung" an das sündige Tun und dessen zerstörerische Wirkmacht betrachtet. „Darum lieferte Gott sie aus...". Gott überläßt den Menschen seinem sündigen Willen, allein auf sich gestellt zu sein, sich sein Leben selbst zu beschaffen und abzusichern, alles nur auf sich zu beziehen. Gott liefert den sündigen Menschen gleichsam an ihn selbst aus. Damit beginnen Chaos und Perversionen aller Art, Sinnleere und Gewalttat und zugleich die verzweifelte Sucht, soviel Leben wie irgend möglich an sich zu reißen und festzuhalten. Es beginnt die Verzweiflung an der Liebe, die man im tiefsten erwünscht und zu der man doch nicht fähig ist. Und so hängt man die Sehnsucht nach ihr tiefer und begnügt sich mit ein paar warmen Gefühlen, mit ein wenig tröstendem Beistand in der eigenen Einsamkeit oder gar nur mit Sex, dessen armseliges Ziel die eigene orgastische Lust und Befriedigung ist[40]. Es beginnt der Selbstbetrug des Menschen, das kleine Glück für das große zu halten. Und es beginnt das, was Otto H. Pesch jüngst die „Not der Notlosigkeit" genannt hat, jene Haltung, die sich mit dem sinnleeren Leben, wie es nun einmal ist, abgefunden zu haben glaubt und mit ihm recht und schlecht, nicht selten in der

---

[40] Vgl. dazu O. H. Pesch (Anm. 26) 290 f.

Haltung zynischer Skepsis, jedenfalls aber ohne Gott fertig zu werden sucht.

All das ist immanente Folge der Sünde, die reife Frucht der eigenen bösen Saat, genauer noch: es ist ihre „Verleiblichung", ihr „Realsymbol". (Dabei bezieht sich die Sequenz von Sünde und Sündenfolge nicht unbedingt auf den je einzelnen, sondern – infolge der communialen Vernetzung der einzelnen – auf das Ganze der Menschheitsgeschichte.) So wie das Realsymbol der Communio mit Gott die glückende Communio der Menschen untereinander ist, so ist das Realsymbol der zerbrochenen Gottesbeziehung die unerlöste Welt mit ihrer ganzen Schrecklichkeit und Abgründigkeit.

Dennoch gibt es in der Heiligen Schrift auch die Aussageweise, daß Gott *selbst* die Sünde bestraft und *persönlich* seinem Zorn gegen den Sünder Raum gibt. Damit ist ein Zweifaches zum Ausdruck gebracht: *Erstens,* daß Gott nicht gleichgültig ist gegen das durch die Sünde verletzte Recht des anderen, ja der ganzen Communio. Zorn und Strafe bedeuten deshalb etwas Positives: Gott selbst schafft den Armen, Unterdrückten, Verfolgten jenes Recht, das durch den Reichen, Unterdrücker, Verfolger verunglimpft, verhöhnt und zerstört wurde. Als *Zweites* ist durch die Ausdrucksweise vom Zorn und von der Strafe Gottes zum Ausdruck gebracht, daß die Sündenstrafe nicht ein quasimechanisches Grund-Folge-Geschehen ist nach Analogie des Vorgangs: Wenn ich eine Maschine falsch bediene, geht sie entzwei – wenn ich sündige, zerstöre ich mich und die Welt. Vielmehr ist an all das zu erinnern, was bereits über die „persönliche Betroffenheit" Gottes ausgeführt wurde (S. 61). Gott hält es – menschlich, allzu menschlich gesprochen – nicht aus, daß das Geschöpf durch die Sünde sich selbst und die Schöpfung zerstört; er setzt alles ein, um den Menschen wieder für die Communio mit sich (und untereinander) zurückzugewinnen. In diesem Einsatz Gottes ist auch die der Sünde immanente Strafe von ihm gewollt. Sie ist ein Moment im Prozeß des Werbens um den Menschen. „Nur für eine kleine Weile habe ich dich verlassen, doch mit großem Erbarmen hole ich dich heim. Einen Augenblick nur verbarg ich vor dir mein Gesicht in aufwallendem Zorn; aber mit ewiger Huld habe ich Erbarmen mit dir" (Jes 54,7f). So sagt die biblische Redeweise vom strafenden Gott, daß dieser der Sünde gegenüber nicht gleichgültig ist, sondern als persönlich Betroffener die der Sünde immanente Strafe will, ja sie einsetzt, um den Menschen wieder an sich zu ziehen – *um ihn zu erlösen.*

4. Keine Selbsterlösung

In immer neuen Variationen kündet die Heilige Schrift davon, daß Gott bereit ist, Erlösung zu schenken, daß er allein es auch ist, der sie erwirken kann. Denn zur Erlösung der unter die Macht der Sünde versklavten Welt reicht der gute Wille von seiten des Menschen nicht aus, auch nicht die Durchsetzung einer neuen, gerechteren Sozialordnung oder etwaige strukturelle Verbesserungen in zwischenmenschlichen Beziehungen. Erst recht genügt es nicht, durch ein System von Gesetzen und Regelungen, von Strafen und Strafandrohungen im binnenstaatlichen und zwischenstaatlichen Bereich Egoismus, Gewalttat und Unfrieden zu bändigen. All das kann im einzelnen wichtig und nicht ohne Bedeutung sein. Aber erlöst werden Mensch und Welt erst, wenn das Geschöpf neu Fuß faßt in Gott und neu Communio mit ihm lebt.

In die Communio mit Gott aber kann der Mensch sich nicht selbst hineinarbeiten und sie aus sich heraus erreichen. Er kann sie nur als Angebot der Liebe empfangen und entgegennehmen. Und dieses Angebot muß ihn in solcher Tiefe treffen, daß er den Wahn, autark sein zu können, läßt und sein Herz der Liebe öffnet. Das bedeutet aber, daß es keine Selbsterlösung des Menschen geben kann. Im Gegenteil: Der Wille zur *Selbst*erlösung würde ja gerade anzeigen, daß der Mensch immer noch aus sich heraus leben und sich verwirklichen möchte, daß er – anders gesagt – Sünder bleiben will. Der Neuanfang Erlösung kann nur heißen, daß Gott uns aus der selbstgesuchten Vereinzelung herausholt und von der Versklavung an uns selbst befreit. So formuliert Augustinus anschaulich im Rückblick auf seine eigene Bekehrung: „Du, Herr, du wandeltest mich ... zu mir selbst herum. Du holtest hinter meinem eigenen Rücken mich hervor, wo ich mich eingerichtet hatte" (Conf. VIII, 7,16). Das heißt: Ohne unser Zutun muß das erlösende Handeln Gottes uns aus dem „Sich-eingerichtet-Haben" herausreißen und jene wahre Freiheit schenken, die uns in der Weite des Beziehungsnetzes der Liebe zuteil wird, in der alles authentische Selbstsein, alles erfüllte Leben und alle gelingende menschliche Communio gründet.

Die Unmöglichkeit der Selbsterlösung ist nicht nur ein Datum des Glaubens, sie läßt sich auch auf verschiedene Weise phänomenologisch belegen und weiter reflektieren: Eine neue erlöste Praxis der Freiheit und Liebe, der Wahrheit und des Friedens kann es nur geben, wenn die Möglichkeitsbedingungen für eine solche Praxis gegeben sind. Zu diesen (transzendentalen) Bedingungen gehört *erstens,* daß das innerste Handlungsprinzip, das eigene „Herz", von Egoismus und Narzißmus, von Unfriede und zerstörerischem Macht- und Aggressionstrieb frei ist, und *zweitens,* daß auch die gesellschaftliche Situation, die ja in die Konstitution des Handlungssubjekts eingeht, Freiheit, Liebe, Wahrheit... zuläßt und ermöglicht. Daß beides aber nicht der Fall ist, kann auch und gerade heute verstehbar gemacht werden. Während die neuere Narzißmus- und Aggressionsforschung die Ichbezogenheit und Ich-Enge des Subjekts phänomenologisch darstellt und reflektiert, hat in letzter Zeit vor allem die sog. „Frankfurter Schule" in eindringlichen Analysen nachgewiesen, daß auch bezüglich der sozialen Handlungsbedingungen ein totaler „gesellschaftlicher Verblendungszusammenhang" herrscht, dem alle hoffnungslos ausgeliefert sind. „Was immer der einzelne oder die Gruppe gegen die Totalität unternimmt, deren Teil sie bildet, wird von derem Bösen angesteckt, und nicht minder, wer gar nichts tut", betont Th. W. Adorno[41]. „Der Verblendungszusammenhang, der alle Menschen umfängt,

---

[41] Th. W. Adorno, Negative Dialektik, Frankfurt 1970, 239.

hat teil auch an dem, womit sie den Schleier zu zerreißen wähnen"[42]. Deshalb endet bei den meisten „Frankfurtern" die Frage nach so etwas wie „Erlösung" bzw. „Befreiung" in Skepsis, Resignation und Trauer. Denn wie soll Freiheit möglich sein unter den Bedingungen der Unfreiheit, wie Liebe und Gemeinschaft unter den Bedingungen des Hasses, der Kälte und Macht? Jedenfalls genügt es nicht, Postulate befreiten, erlösten Lebens aufzustellen. Denn Liebe nur zum Postulat des Sollens erheben, ist – wie Th. W. Adorno einräumt – „selber Bestandstück der Ideologie, welche die Kälte verewigt. Ihm eignet das Zwanghafte, Unterdrückende, das der Liebesfähigkeit entgegenwirkt"[43]. Und wie soll man die lieben, die ihrerseits nicht lieben können und darum nicht liebenswert sind? Ein „qualitativer Sprung" von Unfreiheit zu Freiheit, von Liebesunfähigkeit zur Liebe wäre vonnöten.

Wo aber ist das Subjekt – der „neue Mensch" oder die „neue Gruppe" –, das Freiheit auszustrahlen und anzustiften vermag und das nicht die eigene Unfreiheit in die neue Zukunft mitbringt und sie dort wiederum einschreibt? Außerdem macht „kein Glück der Enkel das Leid der Väter wieder gut, und kein sozialer Fortschritt versöhnt die Ungerechtigkeit, die den Toten widerfahren ist. Wenn wir uns zu lange der Sinnlosigkeit des Todes und der Gleichgültigkeit gegenüber den Toten unterwerfen, werden wir am Ende auch für die Lebenden nur noch banale Versprechen parat haben"[44]. Damit ist zum Ausdruck gebracht, daß eine Erlösung, die nicht auch Schuld und Leid der Vergan-

---

[42] AaO. 362. – Zwar haben die Analysen der „Frankfurter" die neuzeitliche Industriegesellschaft zum Gegenstand. An ihr wird aufgezeigt, daß das System von Herrschaft und Macht, Unfreiheit und Gleichschaltung, alle wahre Freiheit und alle qualitative Veränderung zum Besseren unterbindet. Doch wird gelegentlich auch ein größerer Zusammenhang angedeutet: In der heutigen Gesellschaft kommt etwas heraus, spitzt sich etwas zu, dessen (Un-)Wesen sehr viel grundsätzlicher ist, nämlich das Unerlöstsein von Welt und Mensch überhaupt.
[43] Th. W. Adorno, Stichworte, Frankfurt 1969, 99.
[44] Unsere Hoffnung (siehe Anm. 32) 91.

genheit erreicht und die nicht auch die Verheißung des Lebens über die Toten aufrichtet, den jetzt Lebenden gleichfalls keine Befreiung zu bringen vermag. Denn wo die uns vorangehenden Generationen zum „Abfallprodukt" auf dem Weg der Menschheit in eine bessere Zukunft degradiert werden, wird auch uns, die wir unweigerlich ebenso auf den Tod zugehen, der humane Lebensraum genommen. Was ist unser Dasein wert angesichts dessen, daß auch wir einmal verbrauchter Abfall sein werden. Und weiter: Die jetzt Lebenden verdanken sich den vorangehenden Generationen und sind mit diesen durch das Netz menschlicher Solidarität verknüpft. Wenn somit „die unbedingte und universale Solidarität mit den anderen ... die konstitutive Bedingung der Möglichkeit des eigenen Menschseins" ist, wie kann man dann „die endgültige, nicht revidierbare Verlorenheit der Opfer des geschichtlichen Vorgangs, dem man sich selbst verdankt, überhaupt in der Erinnerung behalten und dabei glücklich sein, seine Identität finden? Wenn man aber um des eigenen Glücks und der eigenen Identität willen diese Erinnerung aus dem Bewußtsein verbannt, verrät man dann nicht eben die Solidarität, aus der heraus man sich nur selbst finden konnte?"[45]

So zeigt sich unter verschiedenen Perspektiven immer das gleiche: Damit Erlösung geschehen kann, bedarf es eines qualitativ neuen Anfangs, der Befreiung und Freiheit vermittelt, eines Anfangs, der in der Sprache des Glaubens „Gnade" genannt wird, ein Geschenk, für das der Sünder nur leere Hände hat. Deshalb kann nur Gott den Menschen, nicht aber dieser sich selbst erlösen.

---

[45] H. Peukert, Wissenschaftstheorie – Handlungstheorie – Fundamentale Theologie, Düsseldorf 1976, 281 f.

IV. Erlösung als neue Communio-Stiftung

1. Communio als „Programm" Jesu

„Immer wieder hast du den Menschen deinen Bund angeboten und sie durch die Propheten gelehrt, das Heil zu erwarten", heißt es im Vierten Hochgebet der römisch-katholischen Liturgie. Gott hat die Communio, die Grund und Ziel der ganzen Schöpfung und Heilsgeschichte ist, auch dem sündigen Menschen immer aufs neue angeboten und sie schließlich in Jesus Christus in einmaliger und endgültiger Weise verwirklicht. Wenn in der Communio mit Gott, die trotz aller Sünde und Schuld neu angetragen und gestiftet wird, das Zentrum der Erlösung liegt, so ist auch das „Herz" des erlösenden Handelns Jesu im Einsatz für diese Communio Gottes zu sehen. Der bekannte Exeget Joachim Jeremias drückt dies pointiert so aus: „Der *einzige* Sinn der gesamten Wirksamkeit Jesu ist die Sammlung des endzeitlichen Gottesvolkes."[46] Etwas ausführlicher faßt Alexandre Ganoczy diesen Sachverhalt so zusammen:
„Inhaltlich ... kann Communio all das decken, was das Ziel des Tuns Jesu selbst war. Denn es ist deutlich, daß das Heil, das Jesus verkündigt und verwirklicht hat, völlig unter dem Zeichen der *Einheit* stand. Heil erfahren bedeutet im Evangelium immer: die einende Macht des kommenden Gottes erfahren. Der erste Adressat dieser einigenden und wiedervereinigenden Dynamik ist das Volk Israel. Es soll zunächst von der äußeren und inneren Zerstreuung befreit und in seinem Herrn versammelt werden. Aber dieses kollektive Heil ist auch den Nationen zugedacht. Das Gottesreich steht allen Menschen offen, da Gottes Heilswille, d. h. sein Communio-Wille, universal ist.
Das ist aber nicht alles. Der Wille Gottes, dem gesamten Menschengeschlecht und allen Generationen durch gemeinsame

---

[46] J. Jeremias, Neutestamentliche Theologie, Gütersloh ²1973, 167.

Teilhabe an seinem Reich Heil zu schenken, hat noch andere Dimension. Die extensive, kollektive Communio vollzieht sich zugleich als intensive, personale Communio. Das heißt, daß die Vereinigung der ganzen Menschheit mit dem Einswerden des einzelnen Menschen zusammenfallen soll. Wie Jesus an der Überwindung der Grenzen und Trennungen zwischen den verschiedenen Gruppen, sozialen Schichten und Nationen arbeitet, so kämpft er auch gegen jede Spaltung, die die innere personale Einheit beim einzelnen hindert. Die Evangelisten legen einen sehr starken Akzent auf die Taten Jesu, deren Ziel, um modern zu sprechen, die Aufhebung individueller Entfremdungen ist. Jesus vergibt Sünden, heilt Krankheiten, entfernt Hunger, Verzweiflung und Tod, damit ein jeweils persönlich angesprochener Mensch zu sich selbst kommt und bei sich bleiben kann. Sehr bedeutungsvoll ist in dieser Hinsicht die enge Verknüpfung des Leiblichen und Seelischen. Jesus bewirkt kein dualistisches Heil. Er will jedem Menschen in der Suche nach Ganzwerdung beistehen. In die große Versammlung des Gottesreiches, in die universale Communio sollen also ganze und nicht etwa halbe Menschen aufgenommen werden."[47]

Man kann aber auch die Wunderzeichen Jesu anders verstehen. Auffällig ist ja, daß das Neue Testament besonders die Heilung von Aussätzigen sowie von Tauben, Blinden und Stummen hervorhebt. Nun waren Aussätzige aufgrund ihrer Krankheit die isoliertesten und verlassensten aller Menschen, ausgestoßen von jedem Kontakt mit anderen. Indem Jesus sie heilt, nimmt er sie wieder in die Gemeinschaft der Menschen auf. Ohren, Augen, Stimme sind dem Menschen gegeben zur Kommunikation, sind Mittel der Kommunikation. Indem er gerade die Tauben, Blinden, Stummen heilt, gibt er ihnen die Möglichkeit, wieder neu in den mitmenschlichen Austausch, in ein heiles Zusammenleben mit anderen einzutreten. Auch die oft berichteten Erzählungen über dämonische Besessenheit bringen „ein allgemeines soziales

---

[47] A. Ganoczy, Communio – ein Grundzug des göttlichen Heilswillens, in: Unsere Seelsorge 22 (1972) 2.

Problem zum Ausdruck: den Abbruch zwischenmenschlicher Kommunikation, eine tiefe Entfremdung in den sozialen Beziehungen"[48]. Nicht selten ist der Besessene stumm, oder er spricht die Sprache des Bösen, die sich seiner bemächtigt hat. Dämonenaustreibung heißt somit Befreiuung aus Isolierung, neue Ermöglichung von sozialen Beziehungen, Wiederherstellung zwischenmenschlicher Kommunikation. Auch durch die Solidarisierung mit den Sündern, Verfolgten und Randexistenzen zeigt Jesus, daß er Ausgrenzungen und Abgrenzungen überwinden und alle zur Gemeinschaft mit sich und untereinander zusammenführen will, zu seiner großen „Familie", in der es nicht zugehen soll wie sonst in der Welt, wo es Herren und Beherrschte, Große und Erniedrigte gibt. „Vielmehr: wer groß werden will bei euch, soll euer Diener sein; und wer bei euch der Erste sein will, soll aller Sklave sein!" (Mk 10,43f). So verwirklicht die neue Gemeinschaft Jesu im Hören und Antwortgeben auf das Wort Gottes das Ziel der Schöpfung: Communio oder – in der Sprache Jesu – das „Reich Gottes".

Auf unterschiedliche Weise thematisieren und akzentuieren die verschiedenen neutestamentlichen Überlieferungen dieses erlösende Communio-Handeln Jesu[49].
Vor allem im johanneischen Schrifttum wird Jesus vorgestellt als der, der uns die vergebende Liebe, die Wahrheit und das Leben Gottes offenbart und bringt. Das II. Vatikanische Konzil faßt dies so zusammen: „In seiner Menschwerdung hat er sich gewissermaßen mit jedem Menschen vereinigt" (GS 22). Und in der Offenbarung „des Geheimnisses des Vaters und seiner Liebe macht er [zugleich auch] dem Menschen den Menschen selbst voll kund und erschließt ihm seine höchste Berufung" (ebd.).

---

[48] G. Theißen, Urchristliche Wundergeschichten, Gütersloh 1974, 247.
[49] Vgl. dazu und zum Folgenden R. Schnackenburg, Ist der Gedanke des Sühnetodes Jesu der einzige Zugang zum Verständnis unserer Erlösung durch Jesus Christus?, in: K. Kertelge (Hg.), Der Tod Jesu. Deutungen im Neuen Testament, Freiburg – Basel – Wien 1976, 206 ff; J. Kremer, Erlösung von Sünde und Tod, in: StdZ 109 (1984) 239–252.

Anders sucht das lukanische Doppelwerk Erlösung zu verstehen. Die rettende Funktion Christi wird im Titel des „Archegós" zum Ausdruck gebracht (Apg 3,15; 5,31), d. h., Jesus wird als der messianische „Anführer" vorgestellt, der durch sein Leben und Sterben die Jünger aus dem Bereich der Sünde und des Todes auf dem Weg der Nachfolge in das endgültige Leben mit Gott hineinführt.

Immer aber geht es um das eine Zentrum: Gott bietet den sündigen, verlorenen Menschen seine vergebende Liebe und neue Lebensgemeinschaft mit sich und untereinander an. So ist Jesus Christus als Sohn die äußerste Verleiblichung der Liebe des Vaters, die dem Sünder bis zum Letzten nachgeht. Zugleich aber zeigt er als unser Menschenbruder auch, was der Mensch nach dem Plan Gottes ist und wie er sein Leben zu führen hat: in Gehorsam und Vertrauen gegenüber dem Vater sowie in einschränkungsloser Brüderlichkeit und Liebe gegenüber dem Nächsten.

Offenbarung der vergebenden Liebe des Vaters – Wegweisung zum wahren Leben: Damit sind zwei entscheidende, aber noch nicht alle Züge des neutestamentlichen Erlösungsverständnisses genannt. Denn so unabdingbar wichtig und richtig es auch ist, daß an Jesus Christus die sündenvergebende Liebe Gottes und seine Bereitschaft, neu Communio zu stiften, offenbar werden, so ist doch durch dieses Tun Gottes *allein* die Sünde mit ihren schrecklichen Folgen nicht behoben und noch keine neue Communio eröffnet. Wer zum Verstehen der Erlösung *allein* auf die Liebe und Vergebungsbereitschaft Gottes hinweist, dem ruft der hl. Anselm von Canterbury auch heute – wie schon im gleichen Zusammenhang vor annährend 700 Jahren – zu: „Du hast noch nicht begriffen, was die Sünde für ein Gewicht (pondus peccati) hat!" (CDH I,21). Die Sünde ist *Bundes*bruch, Aufkündigung einer *Beziehung*. Wo eine Beziehung neu zu stiften ist, muß von beiden Seiten und nicht nur von einem Partner her etwas geschehen. Dieser allgemeine Grundsatz gilt auch hier: Es genügt nicht, daß Gott allein handelt, indem er die Sünde vergibt und den Menschen neu in die Gemeinschaft mit sich aufnimmt.

So würde nicht wirklich *Beziehung* geknüpft. Vielmehr hat auch der Mensch tätig zu werden, er muß wieder in den Dialog mit Gott eintreten und die ihm Leben schenkende Communio mit Gott bejahen. Und dieses neue Ja hat sich in einer neuen Praxis zu verleiblichen, welche die tödlichen Konsequenzen der Sünde bezwingt und neues Leben, nämlich Liebe und Gemeinschaft, Wahrheit und Gerechtigkeit im Bereich des Todes hervortreten läßt. Wie kann das geschehen?

Abstrakt gesprochen könnte Gott natürlich den Menchen gewissermaßen „umzaubern", er könnte ihn in die Gemeinschaft mit sich gewaltsam hineindrängen und ihm eine neue Lebenspraxis aufzwingen. Doch dann wäre der Mensch nur Objekt, Gegenstand göttlicher Allmacht. So würde gerade Communio, das personale Miteinander von Gott und Mensch, zerstört. Gott würde zwar Erlösung schenken, sich aber dabei über den „Bund" hinwegsetzen. Soll dies nicht geschehen, dann muß auch vom Menschen her die Sünde überwunden und deren Folgen beseitigt werden. Zwar hat Gott die unbedingte Initiative, *er* erlöst, indem er vergibt und neue Gemeinschaft mit sich anbietet und ermöglicht; aber er erlöst *so*, daß er den Menschen daran beteiligt sein läßt, daß dieser Mit-Subjekt des Erlösungsgeschehens sein kann. Nur eine solche Erlösung entspricht dem communialen Gott, der ein Verhältnis der Communio, der liebenden Gemeinschaft und nicht ein Verhältnis einseitiger überwältigender Macht zum Menschen haben will. Der schon erwähnte Anselm von Canterbury drückt dies pointiert so aus: „Ein Hohn wäre es, Gott eine Barmherzigkeit zuschreiben zu wollen", die „inordinate" ist, d. h., die gegen die rechte „Gemeinschafts-Ordnung" des Verhältnisses von Gott und Mensch verstößt (CDH I,24).

Auf diesem Hintergrund kann verstehbar werden, daß die Sünde nicht allein von Gott her, sondern auch durch die Aktivität des Menschen aufgehoben werden muß. Und das heißt konkret – in spezifisch religiöser Sprache –, daß die Sünde und das aus ihr resultierende Böse durch *Sühne* beseitigt wird.

2. Erlösung durch Sühne

a. Die verdrängte Sühne-Thematik

„Sühne" ist eines der mißverständlichsten und heute faktisch auch am meisten mißverstandenen Worte der biblisch-christlichen Glaubenssprache. Kein Wunder, daß es gegenwärtig kaum noch einen Kurswert hat. Entsprechend wird auch die biblisch bezeugte Aussage vom Kreuz Christi als Sühne für unsere Sünden nur noch äußerst selten zum Verständnis des Todes Jesu und seines Erlösungswirkens insgesamt herangezogen.

Stattdessen sucht man vielfach das Kreuz auf der Linie der zuvor (S. 82f) skizzierten, zweifach-einen erlösenden Wirksamkeit Jesu zu verstehen:

(1) Das Kreuz zeigt, daß Jesus mit uns radikal solidarisch ist und seine Liebe bis zum Äußersten durchhält. Und weil in seiner Liebe die Liebe Gottes aufleuchtet, ist das Kreuz die Offenbarung der schlechthin grenzenlosen Liebe des Vaters. Der Kreuzestod Jesu ist also seinem innersten Wesen nach *Offenbarungsereignis*, nicht weniger, aber auch nicht mehr. Das Kreuz kann jedenfalls keine Erlösung *bewirken*. Denn Gott kann nicht „umgestimmt" werden, gleich als ob durch Sühneleiden aus einem beleidigten ein versöhnter Gott würde. Deshalb ist die Wirksamkeit des Kreuzes nach Karl Rahner, dem viele zeitgenössische Theologen folgen, „quasisakramentaler, realsymbolischer Art". Das heißt: In ihm drückt sich die immer schon bestehende Versöhnungsbereitschaft Gottes aus, die durch ihren geschichtlich-symbolischen Ausdruck (nur?) „zur Vollendung kommt"[50]. Nicht aber *ereignet* sich im eigentlichen Sinne des Wortes im Kreuz etwas „Neues" zwischen Gott und Mensch, nämlich Versöhnung und Erlösung, an der beide, Gott und Mensch, beteiligt sind.

---

[50] K. Rahner, Grundkurs des Glaubens, Freiburg – Basel – Wien ¹¹1980, 278; ders., Der eine Jesus Christus und die Universalität des Heils, in: Schriften zur Theologie XII, 268.

(2) Das Kreuz Jesu und sein Weg zum Kreuzestod bedeutet *Wegweisung* für den Jünger. Es zeigt exemplarisch, auf welche Weise die Macht des Bösen besiegt wird: in radikalem Einsatz für das Gute, für Liebe, Wahrheit und Gerechtigkeit. In Jesus, der seinen Einsatz für das Reich Gottes auch angesichts von Verfolgung, Bedrängnis und drohendem Tod nicht zurückzieht, ist uns ein Modell zur Nachfolge aufgerichtet; es ist *das* Modell erlösten und erlösenden Menschseins schlechthin.

In beiden Verstehensformen ist vom Kreuz als Sühne oder gar stellvertretender Sühne für die Sünde nicht die Rede.

Diese Ausklammerung des Sühnegedankens geschieht bewußt, und zwar aus zwei Gründen:

Der erste Grund: Man weist darauf hin, daß es nicht mit letzter Sicherheit feststeht, ob Jesus selbst seinen Tod als Sühnetod verstanden hat, auch wenn eine steigende Zahl von Exegeten annimmt, daß er mindestens zu Ende seines Lebens – wie es die Abendmahlsworte von der Lebenshingabe „für uns" oder zumindest die Abendmahlshandlung zeigen – seinem Tod eine soteriologische, sühnende Bedeutung zugesprochen hat. Unbestritten ist zwar, daß bei Paulus der Kreuzestod Jesu vor allem mit dem Gedanken der stellvertretenden Sühne verbunden ist: Er, der Sündenlose, ist für uns zur Sünde geworden, um uns das neue Leben der Liebe in Gemeinschaft mit Gott und den Brüdern und Schwestern zu ermöglichen; durch seine Bereitschaft, sich für die Menschen dahinzugeben, hat der Vater dem Menschen Versöhnung geschenkt und Befreiung von den Mächten der Sünde und des Todes (2 Kor 5,18f; Röm 3,21ff; 5,8ff).

Dennoch – sagt man – handle es sich beim Thema Sühne eher um eine zeitbedingte Auslegung („Interpretament") einiger neutestamentlicher Überlieferungsstränge, eine Auslegung, die als solche in eine andere Sprache übersetzt werden muß und dann als solche auch fallengelassen werden könne.

Dagegen ist nun freilich zu sagen, daß der Sühnegedanke nicht nur *eine* Verstehensweise von Erlösung neben einer Vielfalt anderer ist, sondern daß auch in jenen Schriften, welche andere Akzente zum Verständnis der Erlösung setzen, der Sühnegedanke nicht fehlt. Er findet sich bei den Synoptikern (vgl. Mk 10,48 par. sowie die Abendmahlsüberlieferung) so gut wie in der johanneischen Literatur (vgl. z. B. Joh 1,36; 6,51; 10,11f; 11,51f; 1 Joh 2,2)[51]. Zudem hat der Gedanke der Sühne wie kaum ein anderer die Geschichte des Glaubens geprägt. Wenn man nun – was heute häufig geschieht – dagegen hält, daß Sühne zu den mißverständlichsten religiösen Begriffen gehört, die den christlichen Erlösungsglauben nicht selten zu einem Zerrbild gemacht und den Glaubensvollzug vieler Menschen fehlgeleitet haben, so daß es an der Zeit sei, die Sühne-Thematik völlig fallenzulassen, so ist darauf ein Zweifaches zu erwidern:

(1) „Sühne" teilt mit nahezu allen religiösen Zentralbegriffen das gleiche Schicksal, daß sie nämlich vieldeutig, ambivalent und deshalb auch so oft verzerrt, mißbraucht, verschmutzt sind. Was Martin Buber über das Wort „Gott" geschrieben hat, gilt analog auch vom Wort „Sühne". Auch von ihm muß man sagen, daß es „beladen, besudelt, zerfetzt ist". „Wie gut läßt es sich verstehen, daß manche vorschlagen, eine Zeit über von den ‚letzten Dingen' zu schweigen, damit die mißbrauchten Worte erlöst werden! Aber so sind sie nicht zu erlösen!" Das Wort „Sühne" ist zwar – wie das Wort „Gott" – befleckt und zerfetzt. Aber auch dieses Wort können wir „vom Boden erheben und aufrichten…"[52].

---

[51] Jüngst hat J. Blank, Weißt du, was Versöhnung heißt? Der Kreuztod Jesu als Sühne und Versöhnung, in: J. Blank – J. Werbick (Hrsg.), Sühne und Versöhnung, Düsseldorf 1986, 21–91 gezeigt, daß „die Basileia-Botschaft Jesu als Vergebungs- und Versöhnungsbotschaft von Anfang an in einer Distanz und Konkurrenz zur kultischen Sühne der Tempel-Institution stand" (76) und somit der Sühnegedanke im Hintergrund vieler Faktoren des Lebens Jesu steht. Darum setzt Blank sich auch für eine Neubelebung des Sühnegedankens ein. Als Fazit schreibt er: „Nimmt man die religiösen Kategorien des jüdischen Milieus zur Zeit Jesu einmal ernst, ebenso den Konflikt, wie ihn Jesus mit seiner Botschaft tatsächlich heraufgeführt hat, dann erscheint die Möglichkeit einer Sinngebung des Todes Jesu im Sinne der ‚stellvertretenden Sühne' gar nicht so aussichtslos, wie man oft meint, weder im Hinblick auf Jesus selbst noch im Hinblick auf die nachösterliche Gemeinde" (78).
[52] M. Buber, Gottesfinsternis (1953) = WW I, München – Heidelberg 1962, 509f.

(2) Worte, Vorstellungsrahmen, Anschauungsbilder, welche die Geschichte geprägt haben, lassen sich nicht einfach zugunsten anderer verabschieden. Zu sehr sind sie eingeschrieben in die theologischen, spirituellen, literarischen und künstlerischen Werke der Vergangenheit. Auch für die christliche Sprache gilt, daß bestimmte Ausdrucks- und Denkformen in der Geschichte eine solche Intensität annehmen können, daß man hinter sie nicht mehr zurückkann.

Der zweite Grund für die Ausklammerung des Sühnegedankens beruht auf seinem schon erwähnten weitverbreiteten, schrecklichen Fehlverständnis: Für viele verbindet sich mit dem Begriff Sühne, zumal im Zusammenhang mit den blutigen Opfern der Religionsgeschichte und vor allem mit dem Kreuzestod Christi, ein unerträgliches, geradezu dämonisches Gottesbild. Man stellt sich einen Gott vor, der, in seiner Ehre gekränkt, zürnt und straft und für seinen Rachedurst Sühne und Buße verlangt, um – wer weiß! – sich dann doch vielleicht umstimmen zu lassen. Schon Friedrich Nietzsche nannte daher den biblisch-christlichen Gott den „ehrsüchtigen Orientalen", d. h. den sadistischen Despoten und grausamen Tyrannen-Gott, der unerbittlich Genugtuung fordert. Ernst Bloch verschärfte dieses Verdikt noch zu der Aussage von Gott als dem „Kannibalen im Himmel".

Nun läßt sich nicht leugnen, daß es in der Glaubens- und Theologiegeschichte bis heute Rede- und Verstehensweisen des Sühnetodes Jesu gibt, wonach – so faßt Joseph Ratzinger zusammen – Gott in ein unheimliches Licht gerückt wird. „Es drängt sich dem Bewußtsein geradezu die Vorstellung auf, der christliche Glaube an das Kreuz stelle sich einen Gott vor, dessen unnachsichtige Gerechtigkeit ein Menschenopfer, das Opfer seines eigenen Sohnes verlangt habe. Und man wendet sich mit Schrecken von einer Gerechtigkeit ab, deren finsterer Zorn die Botschaft von der Liebe unglaubwürdig macht."[53]

Doch so ist das mit Sühne Gemeinte ganz und gar, radikal und

---

[53] J. Ratzinger, Einführung in das Christentum, München 1968, 231.

total mißverstanden. Was immer auch in der Religions- und Mythengeschichte der Menschheit darunter verstanden wurde und was immer auch gelegentlich in älteren Katechismen, Glaubensbüchern, Dogmatiken und Gebetstexten (Sühnegebete!) dazu stand: Sühne hat in der biblischen Glaubensüberlieferung nichts, aber auch gar nichts damit zu tun, daß ein zorniger Gott „umgestimmt" wird und der Mensch sich durch Buß- und Sühneleistung vor der drohenden Strafe rettet. Es ist haargenau umgekehrt: Nicht der Mensch ver-söhnt Gott, sondern er er*bittet* von Gott Sühne, Buße, Umkehrmöglichkeit. Gott muß Sühne *schenken*. Es ist „Gott, der sich mit uns durch Christus versöhnt" (2 Kor 5,18). Er erweist uns seine Liebe, „da wir noch Sünder, Feinde waren" (Röm 5,8.10), das heißt, da wir ihm von uns aus nichts geben oder vor ihm nichts leisten konnten. Und gerade im entscheidensten paulinischen Text über den Sühnetod Jesu (Röm 3,24f) wird immer wieder neu gesagt, daß wir „umsonst", „durch Gnade", und nicht durch eigene Werke und Leistungen erlöst werden. Die Sühne geschieht von Gott aus; er hat Christus „öffentlich als Sühne herausgestellt", „zum Erweis seiner Gerechtigkeit", was in der biblischen Sprache soviel heißt wie: „weil Gott in Treue zu seinen Verheißungen steht."

Gott ist es also, der dem Menschen Sühne ermöglicht, und er ermöglicht sie so, daß dieser fähig wird, mithandelndes Subjekt im Erlösungsgeschehen zu sein. Vom Menschen her gesehen, besteht das Sühnenkönnen darin, daß er die von Gott geschenkte Sühnemöglichkeit ergreift und sich damit an der Überwindung des Bösen beteiligt. Nur so ist Erlösung eine „communiale", bundesgemäße Wirklichkeit. „Sühne" ist somit kein aus unerfindlichen Gründen gesetztes „Muß", sondern sie ist von der Sache selbst, nämlich von der communialen Beziehung zwischen Gott und Mensch her gefordert. Nur dann wird Communio wieder hergestellt, wenn das Geschöpf erlösend mittätig sein kann und darf. Es geht darum, daß – wie Anselm von Canterbury sagt – „wenn die Menschheit sich nach dem Fall wieder erhebt, sie sich aus sich heraus erheben und aufrichten muß" (CDH II,8).

b. Das Wesen der Sühne

Worin besteht nun das Mittätigwerden des Menschen an der Überwindung der Sünde und ihrer Folgen?
Es gehört offenbar zum Wesen des Bösen, daß die böse Tat „fortzeugend immer Böses muß gebären" (Friedrich v. Schiller), daß es aus sich heraus keinen Halt macht, sondern sich unablässig „fortzeugt" und mit ungeheurer Dynamik alles zu erfassen sucht. Dies zeigt bereits die phänomenologische Analyse einer individuellen Sünde: Durch die Aufkündigung von Communio mit Gott (die sich gegebenenfalls konkretisiert in einem Anschlag auf die Communio mit den Mitmenschen oder auf das Ordnungsgefüge der Mitwelt) wird der Mensch auf sich selbst zurückgeworfen. Durch die Zerstörung oder Beeinträchtigung des Beziehungsnetzes tritt Isolierung, ein Kreisen in sich selbst und damit der Verlust oder die Einengung wahren, erfüllten Lebens ein. Daraus resultiert – wie wir schon S. 67 sahen – die Angst. Angst aber führt zu Aggressionen sowie zur Unfähigkeit, vertrauensvoll und liebend auf den anderen zuzugehen. So aber wird man nur noch mehr auf sich selbst zurückgeworfen und verwickelt sich aufs Neue in das Böse. Dieser unablässige Kreislauf, der immer auch Mitmensch und Mitwelt mitbetrifft, kann nur dann unterbrochen werden, wenn man der aggressiven Dynamik des Bösen standhält und sein „Fortzeugen" unterbricht. Dies geschieht da, wo man als Folge der individuellen oder kollektiven Sünde zwar Böses und Widriges erfährt, aber dennoch nicht zurückschlägt; wo man die durch die Sünde erwirkte innere Isolierung durchleidet, sich aber nicht nun noch intensiver auf sich zurückzieht, sondern zu neuem Vertrauen und neuer Liebe bereit ist; wo man die durch die Sünde entstandene Beeinträchtigung oder gar den Verlust von gutem, glückendem Leben hinnimmt, ohne sich durch neues böses Tun schadlos zu halten. Kurz: Der Kreislauf des Bösen wird dort unterbrochen, wo die Sündenfolgen durchlitten werden, ohne neues Leiden zu bereiten.
Dieses Durchleiden der Sünde wird noch dadurch intensiviert,

daß Gott den Menschen in seiner Liebe und Vergebungsbereitschaft das Gewicht der Sünde in seiner ganzen Tiefe erfahren läßt und auf diese Weise dazu anstachelt, das Böse aufzuarbeiten. Es ist etwas Ähnliches wie das, was zwischen Menschen geschieht, wenn einer dem andern von Herzen vergibt: In der Liebe und Vergebungsbereitschaft des anderen wird mir neu und vertieft die eigene Schäbigkeit, Gemeinheit, Lieblosigkeit und Untreue bewußt, so daß ich in gewisser Weise in neuer Form an meiner Schuld leiden muß, gerade da, wo mir die Vergebung des anderen entgegenkommt. Diese urmenschliche Erfahrung gilt auch für das Verhältnis zu Gott: Seine Vergebung zeigt meine Erbärmlichkeit im vollen Licht, sie läßt erfahren, wie sehr die Sünde mich in die Ferne von ihm und von mir selbst gebracht hat. So bewirkt gerade die Offenbarung der Liebe Gottes die verschärfte Erfahrung der der Sünde immanenten Strafe und motiviert dazu, im Leiden an der Sünde und ihren Folgen das Böse von innen her aufzubrechen, mich neu auf Gott hin zu bestimmen und das Nein der Sünde in ein neues Ja umzubiegen.

Wo dies geschieht, wo der Sünder seine Schuld anerkennt und im bewußten und bejahten Durchleiden der Sündenfolgen ein neues, gehorsames Ja zur vergebenden und neue Communio anbietenden Liebe Gottes spricht, da wird der von Gott ermöglichte und zufallende Part des Menschen in der Tilgung der Sünde übernommen, da wird „gesühnt". Wenn man genauer zusieht, stellt sich also die Sühne des Menschen, die – das sei in Erinnerung gerufen – immer ein antwortendes, nie ein initiatives Tun ist, als „die spiegelbildliche Umwendung der Sünde als Verletzung von Bund" dar[54]. Bedeutete die Sünde ein Nein gegen die Communio mit Gott und verleiblichte sich dieses Nein in einer der abertausend konkreten Formen und Variationen des Bösen in der Welt, so bedeutet Sühne ein neues Ja zu Gott, das sich gleichfalls zu verleiblichen hat in einer der unendlich vielfältigen Weisen konkreter Liebe.

---

[54] N. Hoffmann, Kreuz und Trinität. Zur Theologie der Sühne, Einsiedeln 1982, 102.

Doch Liebe wird da, wo man sich dem durch die Sünde angerichteten Bösen stellt, notwendig die Form des Leidens annehmen. Das bedeutet nicht, daß Sühne deshalb etwas rein Passives ist. Vielmehr durchdringen sich in ihr aktive und passive Momente. Denn das „Leiden der Liebe" kann auf zweifache Weise entstehen. Einmal dadurch, daß man die Folgen des Bösen erträgt, weil jeder andere Weg das Potential des Bösen nur noch vergrößern würde. Schon diese Haltung ist nicht etwas ausschließlich Passives, da der Verzicht auf ein aggressives Zurückschlagen oder auf ein Weiterführen des Kreislaufs des Bösen ein Höchstmaß an (aktiver) Energie erfordert. Zum andern kann das sühnende Leiden der Liebe dadurch entstehen, daß man das Böse zu bekämpfen oder durch ein höheres Maß an positiven Kräften zu überwinden sucht. Dieses „aktive" Verhalten wird aber in einer vom Bösen bestimmten Welt meist auf Widerspruch und Anfeindung stoßen und somit in ein „passives" Erleiden führen. So vollzieht sich Sühne als ein zugleich aktives wie passives Durchleiden der Sünde. Wer sühnt, erkennt seine Schuld an, ist bereit, seiner schuldhaften Vergangenheit zu sterben und in gehorsamer Hingabe an Gott neu damit zu beginnen, den Bund zu leben. Das alttestamentliche liturgische Sühneritual, in dessen Mitte die (stellvertretende) Hingabe eines Opfertieres steht, ist *zeichenhafter Ausdruck* dieses „Sterbens und Auferstehens". Im Opfer erkennt der Sünder an, daß er des Todes schuldig ist. Er „identifiziert" sich mit dem, was am Opfertier geschieht. So wird ihm leibhaftig sein zerstörerisches Tun vor Augen gestellt. „Das Blut des Opfertieres symbolisiert das Blut, das an den Händen der Menschen klebt. Wer sein Opfertier zur Kultstätte bringt, erkennt sein eigenes Versagen an. Und zugleich bezeugt er damit seine Bereitschaft zur Umkehr: Das Blut ist auch Symbol der Hingabe des Lebens. Jahwe gibt sich seinem Volk hin und sein Volk sich ihm."[55] Indem Israel diesen von Gott gestifteten Ritus

---

[55] H. Wiersinga, Leid: Herausforderung des Lebens, dt. München 1982, 92. – Zum Hintergrund des Sühnerituals siehe auch A. Schenker, Das Zeichen des Blutes und die Gewißheit der Vergebung im Alten

entgegennimmt und praktiziert, „realisiert" es gleichsam das Geschenk Gottes, d. h. es gibt Antwort auf die Vergebungsbereitschaft Gottes und auf sein neues Bundesangebot. Die im Sühneritual gegebene Antwort verleiht also einem Dreifachen sichtbare und greifbare Gestalt
(1) der Anerkennung und dem Bekenntnis der Schuld,
(2) der Bereitschaft, den Kreislauf des Bösen zu unterbrechen: das getane Böse leidend zu tragen und zu überwinden, ohne neues Böses zu schaffen,
(3) der erneuten Zuwendung zur Communio, die Gott in der Stiftung der Sühne angeboten hat.

Sühne ist somit eine neue schöpferische Chance, die eigene Schuld mit ihren weiterwirkenden Folgen aufzubrechen und sie in Segen zu verwandeln; sie ist die „große Möglichkeit..., produktiv mit Schuld umzugehen und die durch die Schuld verursachten Verletzungen zu heilen"[56].

Einen vergleichbaren Hintergrund wie das Sühneopferwesen des Alten Testaments hat auch die Buß- und Umkehrpredigt der Propheten: Gott schenkt Israel einen neuen Anfang, so verkündigen sie, aber der neue Anfang ist von der Art, daß das Volk ihn aufgreifen muß; es muß seine Schuld anerkennen und dazu stehen, es muß umkehren und eine neue Hingabe an Gott und den Bruder vollziehen, zumal da, wo es schmerzlich die Macht des Bösen, die es selbst heraufbeschworen hat, erfährt.
Als Beispiel sei hier nur Hosea angeführt. Israel hat seinem Gott die Treue gebrochen, sich des Ehebruchs schuldig gemacht, sich von seinen „Liebhabern" (den selbstprojizierten Baalsgottheiten) betören lassen, weil es glaubte, in ihnen das Leben zu finden.

Testament, in: MThZ 34 (1983) 201 ff; ders., Sühne statt Strafe und Strafe statt Sühne. Zum biblischen Sühnebegriff, in: J. Blank – J. Werbick (Hrsg.), Sühne und Versöhnung, Düsseldorf 1986, 10–20; F.-L. Hossfeld, Versöhnung und Sühne, in: BuK 41 (1986) 54–60.
[56] V. Eid, Sühne als Schuldbewältigung. Eine moraltheologische Skizze, in: Blank – Werbick aaO. 170.

Gott beweist jedoch durch den Entzug aller Lebensgüter, daß er Herr des Lebens und der Lebensgaben ist (Hos 2,10-15). Durch diesen Entzug wird Israel gedemütigt und zur Besinnung gebracht, so daß es sagt: „Ich kehre um und gehe wieder zu meinem ersten Mann; denn damals ging es mir besser als jetzt" (2,9).

Doch solche Umkehr ist wirkungslos, wofern sie „mechanisch" verläuft. Wenn Israel spricht: „Kommt, wir kehren zum Herrn zurück! Denn er hat Wunden gerissen, er wird uns auch heilen; er verwundet, er wird auch verbinden. Nach zwei Tagen gibt er uns das Leben zurück, am dritten Tag richtet er uns wieder auf, und wir leben vor seinem Angesicht... Er kommt so sicher wie das Morgenrot; er kommt zu uns wie der Regen, wie der Frühjahrsregen, der die Erde tränkt" (6,1f) – so lehnt Gott eine solch „billige Umkehr" radikal ab. Gott will „Liebe" und „Gotteserkenntnis" (6,6). Das heißt in spezifisch hoseanischer Bedeutung: Israel muß dem Bund gerecht werden, es muß sich klar darüber sein, was das Leben im Bund bedeutet und welche Konsequenzen es hat, „vor Gott" zu leben. Darum wird Israel so lange „umringt von seinen Taten" (7,2), als es nicht seine bösen Wege läßt und den mühsamen Weg der Umkehr geht (14,2f).

3. Der neutestamentliche Bußruf

Auf der Linie der alttestamentlichen Bußpredigt liegt das Wirken des Täufers Johannes, des letzten der Propheten. Er hält Israel eindringlich vor, daß jetzt die letzte Chance zu Umkehr und Buße gekommen ist, zur neuen Hingabe an Gott und zur Rückkehr in den Bund. Wenn es diese Chance verpaßt, ist es dem Bösen überlassen und der Vernichtung im endgültigen Gericht. Aber Johannes findet aufs Ganze gesehen kein Echo, er scheitert. Israel – das immer auch Repräsentant der ganzen Menschheit ist – verweigert sich einem neuen Anfang.

Das ist die Situation, in der Jesus auftritt. Auch er predigt Umkehr und Buße. „Kehrt um und glaubt an das Evangelium"

(Mk 1,15). Auch er lädt die Menschen ein, ihre verkehrten Wege zu verlassen. Gott will den Menschen nicht auf seine verfehlte Vergangenheit festlegen, er bietet einen neuen Anfang an. „Sein Reich" – Bild und Chiffre für das messianische Heil, in dem die allumfassende Communio von Gott und Mensch und der Menschen untereinander verwirklicht ist – steht vor der Tür und erwartet vom Menschen Umkehr und Glauben.

Der Klang des Umkehr-Rufes ist jedoch bei Jesus anders als bei Johannes. Denn obwohl Jesus wußte, daß Johannes mit seiner Bußpredigt gescheitert war und er deshalb wohl kaum erwarten durfte, daß auf seinen Ruf hin Israel umkehren werde, ist sein Wort und Verhalten von einem grenzenlosen Vertrauen und einer unerschütterlichen Sicherheit geprägt, daß das Reich Gottes kommt. Es wird von Jesus geradezu unter dem Zeichen des „Dennoch" angekündigt. Das Reich kommt dennoch, es kommt unweigerlich. Diese Sicherheit zeigt Jesus, obgleich er die Erfolglosigkeit seiner Botschaft und seines Handelns erfuhr.

Von dieser Überzeugung Jesu sprechen viele Gleichnisse über das Reich Gottes. Das Reich kommt, auch wenn am Anfang nur ein winziges Senfkörnlein steht, ein kleines Quantum Sauerteig, Saatkörner, die sich gegen Unkraut, Dornen und Steine mühsam behaupten müssen. Das Reich kommt, so wie die Saat Frucht bringt, auch wenn der Bauer untätig ist, und wie man einen guten Fischfang macht, auch wenn darunter viele schlechte Fische sind, die mit der eigenen Fäule die guten anzustecken drohen.

Doch wie ist das möglich? Wie kann das Reich kommen, wie kann das Böse überwunden werden und neue Communio entstehen, wenn Israel in seiner Gesamtheit und in seinen offiziellen Repräsentanten Nein sagt und sich als „Unheilskollektiv" (H. Merklein) bestätigt? Sind nicht von seiten des Menschen Buße, Sühne und Hingabe an den Gott des Bundes gefordert?

Das bestätigt Jesus ausdrücklich. Auch für ihn kommt die bedingungsloser Liebe entspringende Vergebungsbereitschaft Gottes nur dann ans Ziel, wenn der Mensch sich wieder in die Communio hineinstellt und ein neues, an Gottes Bund orientiertes Leben beginnt. Auch für Jesus ist also Gott nicht der allein Handelnde; der Mensch muß seinerseits tätig werden, damit Erlösung realisiert wird. Es gilt, den Kreislauf des Bösen und seine epidemische Expansionskraft zu unterbrechen, indem man dem Bösen durch Ertragen und Erleiden, durch Nichtzurückschlagen und Vergeben Einhalt gebietet. Besonders die Bergpredigt ist voll von entsprechenden Weisungen: „Ich sage euch: Leistet dem, der euch etwas Böses antut, keinen Widerstand, sondern wenn dich einer auf die rechte Wange schlägt, dann halte ihm auch die andere hin. Und wenn dich einer vor Gericht bringen will, um dir das Hemd wegzunehmen, dann laß ihm auch den Mantel. Und wenn dich einer zwingen will, eine Meile mit ihm zu gehen, dann geh zwei mit ihm... Liebt eure Feinde und betet für die, die euch verfolgen, damit ihr Söhne eures Vaters im Himmel werdet" (Mt 5,38 ff)[57]. Der Mensch hat der vergebenden Liebe Gottes zu ent-sprechen: „Wenn ihr den Menschen nicht vergebt, dann wird auch euer Vater eure Verfehlungen euch nicht vergeben" (Mt 6,15). Der Sünder hat sich also das vorgegebene, das ihm buchstäblich vorab-gegebene Verhalten Gottes *zu eigen zu machen,* indem er so wie Gott das Böse „erleidet" und vergibt. Nur so wird das Böse überwunden, nur so geschieht Ver-„Sühnung", nur so kann es zu einer versöhnten Gemeinschaft von Gott und Geschöpf und von Mensch zu Mensch kommen. Was aber ist, wenn Gottes Angebot ins Leere oder gar auf Widerstand stößt?

Hier ist die Antwort des Evangeliums eindeutig: Wenn der Mensch der angebotenen Liebe Gottes ins Angesicht widersteht, kommt das Gericht. Wenn er dem Bösen freien Lauf läßt, schlägt

---

[57] Dieser Gedanke, daß das Böse dadurch zu überwinden ist, daß seine Dynamik unterbrochen wird, findet sich auch in der neutestamentlichen Briefliteratur. Vgl. z. B. 1 Thess 5,15: „ Seht zu, daß keiner dem andern Böses mit Bösem vergilt, sondern bemüht euch immer, einander und allen Gutes zu tun"; 1 Kor 4,12: „Wir werden beschimpft und segnen; wir werden verfolgt und halten stand; wir werden geschmäht und trösten..."; Röm 12,14: „Segnet eure Verfolger; segnet sie und verflucht sie nicht!"

er endgültig den Weg der eigenen Selbstzerstörung ein. Exemplarisch kann dafür die Parabel vom sogenannten unbarmherzigen Gläubiger stehen. Auch sie moniert, daß der Sünder dem Tun Gottes zu entsprechen hat: „Hättest nicht auch du mit jenem, der gemeinsam mit dir in meinem Dienst steht, Erbarmen haben müssen, so wie ich mit dir Erbarmen hatte?" (Mt 18,33) Da aber der Knecht sich das Verhalten seines Herrn nicht zu eigen macht, ist die Folge: „In seinem Zorn übergab ihn der Herr den Folterknechten, bis er die ganze Schuld bezahlt habe." Da dieser aber nicht und niemals die Schuld zu zahlen vermag, ist sein Schicksal auf ewig besiegelt. Gilt das hier gleichnishaft Geschilderte von der Menschheit im ganzen, wenn sie sich Gott verweigert?

Jesus erfuhr – wie die Evangelien zeigen – Unglauben und Gleichgültigkeit, Ablehnung und Widerstand. Aber „wenn sich in Jerusalem die Repräsentanten Israels Jesus verweigern, dann schlägt *Israel* die Basileia [= das Reich Gottes] definitiv aus. Schlägt aber Israel die Basileia aus, so hat es den Sinn seiner Existenz verfehlt, das Heil für sich selbst und für die Völker verspielt und das Erwählungshandeln Gottes ad absurdum geführt. Nur so ist der furchtbare Ernst der Drohworte, die Jesus gegen Ende seiner öffentlichen Wirksamkeit spricht, erklärbar. In dem Augenblick, da sich Israel durch die Beseitigung Jesu der Basileia definitiv verweigert, entsteht eine Situation, in der nichts mehr so ist, wie es zu Beginn in Galiläa war, und in der Mk 1,15 (‚Nahe gekommen ist die Basileia') eben nicht mehr einfach wiederholt werden kann. Der Kairos [= Augenblick der Entscheidung] ist vorüber und vertan."[58] Wird also das Nein Israels, an dem in repräsentativer Zeichenhaftigkeit das Nein des sündigen Menschen gegen Gott in Erscheinung tritt, den endgültigen Bruch zwischen Gott und Geschöpf und damit das destruktive Ins-Leere-Laufen alles Geschaffenen zur Folge haben, da es ja Zukunft, Leben und Heil nur in der Beziehung zu Gott gibt?

---

[58] G. Lohfink, Jesus und die Kirche, in: Handbuch der Fundamentaltheologie III, Freiburg – Basel – Wien 1986, 88.

Wird Jesus, der doch kam, das endgültige Heil Gottes zu verkündigen und aufzurichten, nun de facto zum Vermittler endgültigen Unheils?

4. Stellvertretende Sühne durch Jesus

Jesus bleibt dabei, für das unbedingte Kommen des Reiches Gottes, für die endgültige glückende, universale Communio einzutreten. Denn es gibt noch, wie bereits die alttestamentliche Heilsgeschichte zeigt, eine „letzte Möglichkeit". Da nämlich, wo das Volk als Ganzes zu keiner Umkehr bereit ist, kann dennoch das Böse überwunden und der Bund wiederhergestellt werden, wenn ein einzelner, von Gott dazu berufen und befähigt, *stellvertretend* für die anderen in die Bresche springt, wenn er leidend das Böse erträgt, nicht zurückschlägt, sondern vergibt, wirksame Fürbitte für die anderen leistet und inmitten des erfahrenen Bösen sich Gott übergibt. In dieser fürbittenden Sühnehaltung tritt also ein einzelner dafür ein, daß seine vom Durchleiden des Bösen gezeichnete Lebensübereignung an Gott auch für die gelten möge, für die er sich einsetzt. Der „Stellvertreter" nimmt sozusagen die anderen in die eigene Hingabe an Gott hinein.

Im Alten Testament findet sich eine Reihe von Hinweisen für dieses Stellvertretungsdenken, das kurz an Ausführungen des Exegeten Gerhard von Rad entlang skizziert werden soll. Die Fürbitte für das Volk gehört seit alter Zeit zu den besonderen Funktionen des Propheten. „Aber wie mußte sich dieser Dienst wandeln, wenn er von einem Propheten ausgeübt wurde, der sein eigenes Leben in die Bresche zwischen Gott und Israel zu werfen bereit war! So aber verstand die spätere Prophetie ... das prophetische Amt." Dieses spätere Prophetenverständnis kann sich dabei auf das Mose-Bild des Deuteronomiums beziehen: „Mose ist leidender Mittler. Dieser Zug im Mose-Bild ist freilich nicht ganz neu. Schon eine ältere Überlieferung zeigte Mose unter ‚der Last dieses ganzen Volkes' zusammenbrechen und über seinem ‚Elend' mit Jahwe hadern (‚Bin ich etwa mit diesem Volk schwanger gegangen, habe ich es geboren, daß du mir sagen könntest: trage es auf deinen Armen'? Num 11,11-17 JD). Dies war aber in dem älteren Erzählungszusammenhang etwas Episodisches; in Deuteronomium hingegen ist das Bild des leidenden Mose viel umfassender ausgestaltet und grundsätzlicher theologisch unterbaut." Mose stellt sich fürbittend vor Israel. Er fängt den Zorn Jahwes gegen das Volk auf und erleidet stellvertretend für Israel den Tod außerhalb des verheißenen Landes. „Nehmen wir nun noch die von Mose ausgesprochene Erwartung hinzu, daß Israel gerade einen solchen Propheten auch in Zukunft zu erwarten habe (Dt 18,18), so stehen wir unmittelbar vor der Weissagung Deuterojesaias von dem leidenden Gottesknecht, denn ihm wird es Gott selbst vor aller Welt bestätigen, ‚daß er die Sünden der Vielen getragen hat und (fürbittend) eingetreten ist für die Empörer' (Jes 53,12)."[59] Einen ähnlichen Gedanken finden wir auch in der späteren Überzeugung von der Wirkkraft des Martyriums der Gerechten, die stellvertretend für das sündige Volk fürbittendes Gebet und Versöhnung vor Gott leisten (2 Mak 7,37 f).

Auf diesen im Alten Testament vorgezeichneten Weg läßt Jesus sich vom Vater senden. Dabei bezieht sich sein stellvertretendes Handeln nicht nur auf seinen Tod, es umgreift das ganze Leben. „Indem Christus das Dasein, wie es ist – verworren, empört, unwahr, voll alles Schlimmen – zu eigen nahm und durchlebte, legte Er die Welt, die der Mensch Gott geraubt hatte, in die Hand ihres Herrn wieder zurück"[60], formuliert treffend Romano Guardini. Im Tod kommt diese seine Sendung zur Vollendung. Die sogenannten „Deuteworte" über Brot und Wein beim Letzten Mahl zeigen, daß er sein Leben hingibt für Israel, ja, für die „vielen". In dieser Haltung der Proexistenz, d. h. des Für-Seins für seine Menschenbrüder und -schwestern, geht er in

[59] G. v. Rad, Theologie des Alten Testaments, Bd. I, München ⁴1962, 307; Bd. II, München ⁴1965, 286 f.
[60] R. Guardini, Wahrheit und Ordnung, Univ. Predigten 29, München 1955, 697 f (21 f).

Passion und Kreuzestod dorthin, wo das Böse seine ganze Macht entfaltet. Er tritt ein in das Geflecht menschlicher Schuld und nimmt ihre Konsequenzen auf sich: Lieblosigkeit und Haß, Einsamkeit und Ohnmacht, Angst und Aggression, Gottesferne und Tod. So nimmt er den Fluch der Sünde auf sich (Gal 3,13) und trägt „unsere Sünden an seinem Leib selbst auf das Holz [des Kreuzes] hinauf" (1 Petr 2,24) als das „Lamm Gottes", das sich mit der Sünde der Welt beladen läßt, als der leidende Gottesknecht, an dem „keine Schönheit und keine Gestalt mehr ist" (Jes 53,2). In dieser übermächtigen Erfahrung des Gemeinen, Destruktiven und Tödlichen aber hält er dem Bösen leidend stand, ohne neues Leid und Böses zu schaffen. Er hält trotz allem, was Menschen ihm antun, an seinen Brüdern und Schwestern fest, legt Fürsprache für sie ein und gibt sich für sie dem Vater hin. Gerade so wird der Kreislauf des Bösen von innen her aufgebrochen. In ihm tobt sich die Macht des Bösen gleichsam aus und läuft sich tot, so daß – wie die Auferweckung zeigt – neues Leben entsteht. Aber neues Leben nicht nur für ihn selbst! Denn da er als Stellvertreter sein gehorsames Ja auch für uns spricht und uns in seine Beziehung zum Vater hineinnimmt, ist auch die Auferstehung nicht nur etwas, was seine Person betrifft. Der für uns starb, ist ebenso *für uns* auferstanden, d. h. er nimmt uns mit hinein in seinen Sieg über alles Tödliche, über die Mächte des Bösen, über Sünde und Gottesferne und eröffnet uns eine nichtendende Zukunft des Lebens in der Communio Gottes.

Gewiß, eigentlich sollte jeder selbst dort stehen, wo er steht, um im – aktiven und passiven (vgl. S. 92) – Durchleiden der Sünde, ohne neues Böses zu schaffen, sich erneut Gott zuzuwenden und so die von Gott abgebotene Sühne aufzugreifen, auf daß wieder Communio entsteht. Da dies aber die unter die Sünde versklavte Menschheit nicht vollbringen konnte, übernahm Jesus als unser Menschenbruder unsere Stelle und vollbrachte als unser Stellvertreter den dem Menschen zufallenden Part im Erlösungsgeschehen. So ist das Kreuz *nicht nur* Offenbarungsereignis *von seiten Gottes*, Erweis seiner Liebe, die ihre Radikalität, absolute Treue und unbedingte Verläßlichkeit darin zeigt, daß sie sich auch dem radikalen Nein des Menschen gegenüber durchhält und sich lieber kreuzigen läßt als sich zurückzunehmen. All das trifft natürlich zu. Aber der Kreuzestod ist *auch* ein Geschehen *von seiten des Menschen:* sühnendes Mittun-Dürfen in der Überwindung des Bösen, neue Antwort auf das Communio-Angebot Gottes. In diesem Sinn entspricht das Kreuz dem Willen des Vaters, der „den eigenen Sohn nicht verschonte, sondern ihn für uns alle hingab" (Röm 8,32), da er ihn „in der Gestalt des Fleisches, das unter der Macht der Sünde steht, *zur Sühne für die Sünde* sandte, um an seinem Fleisch die Sünde zu verurteilen" (Röm 8,3). So ist das Kreuz der „Kelch", den der Vater ihm „gegeben hat", damit er ihn als unser Stellvertreter für uns trinke.

Damit ist noch einmal mehr klargestellt: Sühne von seiten des Menschen bedeutet nicht ein „Umstimmen" Gottes (vom zornigen zum gnädigen Gott), sondern ein von Gott bereitetes Mittun-Dürfen des Menschen. Und Christus ist nicht der Prügelknabe, an dem Gott seinen uns zugedachten Zorn ausläßt, sondern er ist der bis in den Tod Gehorsame, der bis zum äußersten an uns *und* an Gott festhält. So ist er buchstäblich der Mittler, der *als Gottes Sohn* die endgültige Liebe des Vaters und sein Communio-Angebot bringt und der *als unser Menschenbruder* Antwort gibt, indem er uns in sein Ja zum Vater hineinnimmt und so die endgültige Communio Gottes aufrichtet. In seiner gott-menschlichen Person fügt sich das Ja Gottes zum Menschen und das Ja des Menschen zu Gott zur unauflöslichen Einheit zusammen. In dieser „doppelten Relation", in der Jesus lebt und wirkt – vom Vater her für uns und von uns Menschen her für den Vater – ist uns auf immer ein Raum erlösten Lebens bereitet, in dem die Macht der Sünde ein für allemal gebrochen und das schöpfungsmäßige Wesen des Menschen, zur Communio mit Gott und untereinander berufen zu sein, endgültig an sein Ziel kommt. – Beiden Konsequenzen ist noch genauer nachzugehen.

Die Macht der Sünde ist ein für allemal gebrochen. Denn die

Gottesferne, ja Gottesfeindschaft, die im Zentrum der Sünde und des Bösen steht, wurde von Jesus Christus nicht nur durchgelitten und „durchgesühnt", sie wurde auch, indem er sie für uns auf sich nahm, buchstäblich in die Beziehung zwischen Vater und Sohn hineingetragen; so ist sie von der je größeren Liebe Gottes umgriffen. Jetzt „kann uns nichts mehr scheiden von der Liebe Gottes, die in Christus Jesus ist" (Röm 8,39). Denn da er alle Konsequenzen der Sünde bis hin zur Erfahrung der Gottverlassenheit und des Todes auf sich genommen hat, ist er – anschaulich gesagt – bis an das Äußerste aller Wirklichkeit gegangen und umgreift damit nun buchstäblich alles. Es gibt sozusagen keinen Raum mehr, den er nicht mit seiner Gegenwart und solidarischen Liebe zu uns erfüllt; es gibt keinen Ort und keine Situation mehr, in der wir ihn nicht antreffen können. Um es in einem Bild von Adrienne von Speyr zu sagen: Der Sohn hat sich durch sein Gehen bis zum Äußersten „so vor den Menschen hingestellt, daß dieser, auch wenn er Gott den Rücken zuwendet, ihn vor sich sieht und auf ihn zugehen muß. Und so kann der Sünder, auch wenn er es nicht weiß und nicht will, auf Gott zugehen." Indem der Sohn *alles* umgreift, ist er „überall dort..., wo ein menschlicher Weg hinführt, ... so sehr, daß auch die, die nicht wollen, auch die, die meinen, sich unbedingt abgekehrt und endgültig abgewendet zu haben, ihn mit Sicherheit auf ihrer Bahn treffen werden, weil er gerade den unvermuteten, den verleugneten, den abgelegenen Ort zu seinem Standort erkoren hat"[61]. So ist alles vergangene, alles gegenwärtige und künftige Böse eingeholt, ja überholt von der Liebe Gottes, die unter allen Umständen *mit uns* ist.

Diese Überzeugung ist auch jüdischem Glauben nicht fremd. Ein jüdischer Augenzeuge von Auschwitz, Elie Wiesel, berichtet von folgendem Ereignis:

„Die SS erhängte zwei jüdische Männer und einen Jungen vor der versammelten Lagermannschaft. Die Männer starben rasch, der

---

[61] A. v. Speyr, zit. bei H. U. v. Balthasar, Theodramatik Bd. IV, Einsiedeln 1983, 284.

Todeskampf des Jungen dauerte eine halbe Stunde. ‚Wo ist Gott? Wo ist er?' fragte einer hinter mir. Als nach langer Zeit der Junge sich immer noch am Strick quälte, hörte ich den Mann wieder rufen: ‚Wo ist Gott jetzt?' Und ich hörte eine Stimme in mir antworten: ‚Wo ist er? Hier ist er... Er hängt dort am Galgen!'"[62]
Der jüdische Glaube entnimmt die Sicherheit dieses unbedingten „Gott mit uns", auch im Leiden und Tod, seinen heilsgeschichtlichen Erfahrungen, die im Alten Testament aufbewahrt sind und auf die sich auch der christliche Glaube bezieht. Nur daß hier durch den Tod des Gottessohnes am Kreuz eine letzte Zuspitzung, Eindeutigkeit und Sicherheit dafür gegeben ist, daß inmitten der geballten, tosenden Mächte des Bösen Gottes Sohn selbst anwesend ist und sowohl das Angebot göttlichen Lebens wie auch – stellvertretend für uns – die endgültige Zustimmung des Menschen aufrichtet.

So ist für immer Communio zwischen Gott und Mensch gestiftet. Zeichen dafür ist die im Kreuzesgeschehen gründende Sendung des Heiligen Geistes, die in der Öffnung der Seite Christi ihren bildhaften Ausdruck findet (Joh 19,34)[63]. Der Geist gießt die Liebe Gottes in unsere Herzen aus (Röm 5,5), er nimmt uns in den Lebensraum der innergöttlichen Communio hinein, so daß wir als Brüder und Schwestern Jesu Christi Söhne und Töchter Gottes sind und wie Jesus „Abba" – „lieber Vater" sagen dürfen (Röm 8,15f). Der Geist bewirkt, daß das letzte Gebet Jesu: „Alle sollen eins sein: Wie du, Vater, in mir bist und ich in dir bin, so sollen auch sie in uns sein" (Joh 17,21), seine Erhörung findet. Kurz: Im Heiligen Geist öffnet sich die Beziehung von Vater und Sohn auch für uns; die Menschheit wird gleichsam „trinitarisiert", d. h. zur endgültigen Gemein-

---

[62] Zit. nach J. Moltmann, Der gekreuzigte Gott, München ²1973, 262.
[63] Vielleicht könnte auch Joh 19,30: „Und er neigte das Haupt und gab seinen Geist auf", im Blick auf die vielen im Johannesevangelium bewußt gesuchten „Zweideutigkeiten" zugleich bedeuten: „... und gab den Geist *hin*." Das heißt: Im Tod Jesu wird nach Johannes der Geist „entbunden"; er wird uns gegeben.

schaft mit Gott und zu einem Leben in Frieden, Gerechtigkeit und Liebe untereinander befähigt.

5. Stellvertreter, nicht Ersatzmann!

Die so gestiftete Erlösung ist ganz und gar Werk des Dreifaltigen Gottes. Doch verbleibt der Mensch nicht passiver Empfänger, er wird zum aktiven Mitvollbringen befähigt.
Um diesen Zusammenhang zu erläutern, muß der Begriff des Stellvertreters, der uns im nächsten Abschnitt ohnehin noch weiter beschäftigen wird, präzisiert werden.
Der Begriff des Stellvertreters ist von dem des Ersatzmannes wohl zu unterscheiden[64]. Auch der Ersatzmann führt Aufgaben und Funktionen aus, die an sich dem Vertretenen zu tun zustünden. Doch geht es beim Ersatzmann um die Durchführung von Aufgaben und Funktionen, die diesen persönlich nicht zu betreffen brauchen. Entscheidend ist nur, daß die anfallende Arbeit von *irgend jemand* durchgeführt wird. Darum ist es im Grunde auch nicht von Bedeutung, *wer* der Ersatzmann *ist* und *was* er *tut*. So braucht es z. B. einen erkrankten Arbeiter nicht zu kümmern, wie es im Betrieb läuft, wenn er nur weiß: Es ist jemand da, der seinen Job übernimmt.
Demgegenüber vertritt der Stellvertreter wirklich den Vertretenen selbst. Da der Stellvertreter jene Stelle einnimmt, an der der Betreffende persönlich stehen sollte (es aber nicht vermag), ist sein Tun ein buchstäblich vor-läufiges Tun; er „läuft vor" und geht voraus, bricht die Bahn und ermöglicht dadurch, daß jener selbst die Stelle zu erreichen vermag, an der er stehen soll. Auf dieser Linie findet sich im Zweiten Kinderkanon der römisch-katholischen Liturgie die zutreffende Formulierung: „Er (Christus) nimmt uns mit auf den Weg zu Dir." Christus als Stellvertreter löst eine Bewegung aus, die uns seinen Weg mit- und nachgehen läßt[65].

[64] Siehe dazu D. Sölle, Stellvertretung, Stuttgart – Berlin 1965.
[65] Für dieses Verhältnis von stellvertretendem Vor-Gehen und persönlich einholendem Nach-Handeln haben wir als konkretes Anschauungs-

Daß Jesus Stellvertreter und nicht Ersatzmann ist, wird sehr deutlich in 2 Kor 5,14 ff zum Ausdruck gebracht. Hier heißt es: „Die Liebe Christi drängt uns, da wir erkannt haben: Einer ist für alle gestorben, also sind alle gestorben. Er ist aber für alle gestorben, damit die Lebenden nicht mehr für sich leben, sondern für ihn, der für sie starb und auferstand." Paulus zieht bezeichnenderweise aus der zentralen Stellvertretungs-Aussage: „Einer ist für alle gestorben" nicht die Folgerung: „Also brauchen *wir* nicht mehr zu sterben!", sondern: „Also sind alle gestorben". Und dieser Satz wird damit erläutert, daß die Christen nicht mehr für sich selbst leben dürfen, sondern sich einbeziehen lassen sollen in die Todesgemeinschaft mit Christus: Es geht darum, daß die Glaubenden aufhören, in sich selbst verkrümmt ein Leben zu führen, welches im Grunde nur Tod ist, daß sie vielmehr für Christus leben, d. h. seinen Weg, den Weg der liebenden Hingabe bis in den Tod und in die Auferstehung hinein nachgehen sollen. Es gilt – kurz gesagt – dem durch Christus gebahnten Weg zu folgen, „in seine Fußstapfen zu treten" (1 Petr 2,21). Dieses Ein-Gehen auf den Weg des Stellvertreters, den er gebahnt hat, auf die Stelle hin, die er uns freihält, geschieht in der durch Jesus Christus ermöglichten Praxis von Glaube und Nachfolge. Darin erst erreicht die Erlösung ihr Ziel; sie kommt aus der Dimension einer bewußtseinsjenseitigen, nur „ontologischen" Wirklichkeit heraus und wird zur erfahrbaren Realität. Wo ein Mensch im Glauben sich der Liebe Gottes öffnet – und dies kann auch in außerchristlichen, ja außerreligiösen Formen und Vollzügen geschehen –, steigt Christus gleichsam in die Tiefe des menschlichen Bewußt-

bild das Verhältnis von Eltern und unmündigem Kind im Taufgeschehen. Auch hier ist das Glaubensbekenntnis der Eltern nicht das Tun von Ersatzleuten; vielmehr realisiert sich ihre Vor-Gabe des Glaubens (dessen das Kind selbst noch nicht fähig ist) dadurch, daß sie vom Kind eingeholt werden muß, soll wirklich die Gabe an ihr Ziel kommen. Auf diesem Weg des Nach-Kommens begleiten die Eltern ihr Kind, sie beziehen es gleichsam – unter Respekt seiner Freiheit – werbend in ihr bei der Taufe gegebenes stellvertretendes Ja hinein.

seins hinein und berührt das Innerste des Menschen, um es sich anzugleichen (vgl. RH 8.10). Auf diesem Weg der Gleichgestaltung mit ihm erreichen wir die Stelle, an die er uns als Stellvertreter vorangegangen ist und die er uns gleichsam freigekämpft hat. So können wir uns durch Glaube und Nachfolge sein Tun zu eigen machen: leidendes Durchtragen des Bösen, ohne neues Böses zu schaffen; ein freudiges Ja zur Communio mit Gott und untereinander.

Dadurch „ergänzen" wir das, „was an den Leiden Christi noch fehlt für den Leib Christi, der die Kirche ist" (Kol 1,24). Eine sehr mißverständliche Aussage, die der Erläuterung bedarf! "Wir ergänzen", das heißt: wir machen sein Tun dadurch „ganz", daß wir es zur Auswirkung kommen lassen – bei uns *und* bei anderen. Denn aufgrund der Verbindung mit unseren Menschenbrüdern und -schwestern können wir selbst wiederum zu Stellvertretern für andere werden, die noch nicht im Prozeß des Glaubens und der Nachfolge stehen. „Was an den Leiden Christi noch fehlt." – „Fehlen" nicht in dem Sinn, daß Christi Tun nicht ausreiche, sondern in dem Sinn, daß die Möglichkeiten (die „Potenzen" und „Implikationen"), die im stellvertretenden Tun Christi eröffnet sind, so lange noch nicht ganz verwirklicht sind, als nicht alles Böse und Tödliche der Schöpfung real überwunden ist und alles Geschaffene in endgültiger Communio mit Gott und untereinander steht. Erst wenn Christus „alles unterworfen sein wird", d. h., wenn alle Wege der Menschheit in ihm an ihr Ziel gekommen sind, „wird auch er, der Sohn, sich dem unterwerfen, der ihm alles unterworfen hat, damit Gott herrscht über alles und in allem" (1 Kor 15,28). Erst dann ist das stellvertretende, vorläufige und vorweg-nehmende Tun Christi abgegolten. Bis dahin steht er stellvertretend für uns beim Vater ein und hat selbst seine letzte Vollendung noch nicht gefunden. Im paulinischen Bild von der Kirche als dem Leib Christi, das Origenes in diesem Zusammenhang aufgreift, gesprochen: So lange kann Christus als Haupt des Leibes sein Leben beim Vater „für keine volle Freude ansehen, als er noch immer Glieder seines Leibes entbehrt", jene Glieder nämlich, die noch unterwegs sind, bedrängt vom Bösen und angefochten vom Leid dieser Welt. Christus selbst will – wie Origenes fortfährt – „nicht ohne dich seine volle Glorie empfangen, das heißt, nicht ohne sein Volk, das ‚sein Leib' ist und ‚seine Glieder'" (Hom. s. Lev. 7,2). Darum leidet er als „Haupt" in gewisser Weise noch mit den „Gliedern", die „in der großen Bedrängnis" sind, mit (vgl. Offb 7,14). Von hier aus erhält das Wort Pascals: „Jesus ist im Todeskampf bis zum Ende der Welt: Man darf während dieser Zeit nicht schlafen", seine Stimmigkeit und Verstehbarkeit.

Die Überzeugung vom stellvertretenden Sühnehandeln Jesu ist somit unlösbar mit der Aufforderung verbunden, sich das durch ihn ermöglichte Lebensmodell durch Glaube und Nachfolge buchstäblich *zu eigen* zu machen und seinen Weg nachzugehen. Damit vollziehen wir aber nicht nur seine stellvertretende Sühne, die Aufarbeitung des Bösen, nach, sondern führen auch die Schöpfung ihrer Bestimmung, dem verheißenen künftigen Heil, entgegen. Da aber das Böse, solange die Weltzeit dauert, stets neu die Schöpfung in seinen Bann zu ziehen sucht, ist auch in diesem Heilsprozeß auf Zukunft hin immer wieder das Moment der Sühne, d. h. das Durchleiden des Bösen – in aktivem und passivem Sinn! (vgl. S. 92) – mitzuvollziehen. Sühne im Hinblick auf von mir oder anderen angerichtete Schuld *und* Heilsprozeß auf Zukunft hin sind mithin faktisch miteinander verzahnt, so wie im Kreuz Jesu selbst zwei Aspekte ineinandergreifen: das Kreuz als „Sühnemittel" (Röm 3,25) *und* als Ort der neuen Schöpfung, an dem sich – in johanneischer Sicht – Auferstehung und Geistsendung ereignen. Entsprechend ist auch das Leben in Glaube und Nachfolge von beiden Faktoren geprägt: Aufarbeitung des Bösen und Weitertreiben der Schöpfung auf Gerechtigkeit, Liebe und Frieden hin. Indem wir *beides* nachvollziehen, findet die durch Christus erwirkte Erlösung im Raum der Welt Verwirklichung. Allerdings bleibt sie, bis Gott selbst sein Werk am Ende der Tage vollenden wird, etwas Anfanghaftes. Zwar ist durch den Erlöser Jesus Christus die Schöpfung schon in ihre endgültige Bestimmung eingewiesen und ihr damit jene Zukunft eröffnet und zugesagt, aus der sie nie mehr herausfallen kann.

Doch ist die Verwirklichung der Erlösung durch uns immer nur ein Vorschein des Kommenden. Im (biblischen) Bild gesprochen: Die Welt geht mit dem Geschenk der Erlösung schwanger, ja, sie liegt bereits in „Geburtswehen" (Röm 8,22; Offb 12,2). Doch ist noch nicht „heraus", was sie einmal sein wird (vgl. 1 Joh 3,2), wenn die Communio Gottes mit uns Menschen an ihr Ziel kommt. Bis dahin stellt uns die am Kreuz geschehene Erlösung auf den Weg des Glaubens und der Nachfolge, damit sie sich durch unser Mittun anfanghaft, zeichenhaft, vorscheinhaft in dieser Welt verwirkliche. Wie aber werden wir zu Glaube und Nachfolge befähigt?

6. Die Befähigung zur Praxis erlösten Lebens

Gottes erlösende Liebe, die in Jesus Christus aufleuchtet, begegnet „als Angebot an die menschliche Freiheit, sich aus der Zuwendung Gottes *selbst* neu zu bestimmen"[66], schreibt Thomas Pröpper. Dies ist zwar nicht falsch, aber auch nicht sehr zutreffend formuliert. Denn einmal läßt sich auf dem Hintergrund eines communialen Verhältnisses von Gott und Mensch nur mit Einschränkung von einer „*Selbst*bestimmung" des Menschen sprechen, und zum anderen muß das mit „Angebot" Gemeinte hinreichend gründlich und umfassend verstanden werden. Das Angebot der Liebe Gottes und die Aufforderung, sich von ihr her neu zu bestimmen, ist weder „ethischer Appell", noch „Aufklärung" über die wahre Situation des Menschen, noch auch die Eröffnung einer gänzlich neuen, bis dahin verschlossenen Perspektive für die eigene Selbstbestimmung. So verbliebe das Angebot der Liebe Gottes ein äußerer, den Menschen im Innersten unverändert lassender Faktor. Um das, was „Angebot der Liebe Gottes" bedeutet, angemessen zu verstehen, hat man sich daran zu erinnern, daß von Schöpfung her der

---

[66] Th. Pröpper, Erlösungsglaube und Freiheitsgeschichte. Eine Skizze zur Soteriologie, München 1985, 111.

Mensch auf die Communio mit Gott angelegt ist. Er ist – biblisch gesprochen – wie ein Gefäß, das dafür offen ist, allein vom Leben Gottes erfüllt zu werden, bzw. – philosophischer formuliert – er ist jene „Potenzialität", jene Möglichkeit, die nur in der Communio (mit Gott und der Menschen untereinander) ihre Aktualisierung findet. Wenn somit die Liebe Gottes „angeboten" wird und wenn darüber hinaus in Jesus Christus jenes Leitbild menschlichen Lebens aufstrahlt, das ganz und gar von der Bestimmung durch Gottes Communio geprägt ist, so trifft dieses „Angebot" auf innerste Entsprechungen im Menschen, es korrespondiert seinem verborgenen Sehnen und Hoffen, sozusagen den „schlummernden Möglichkeiten", die Gott von Schöpfung her in das Herz gesenkt hat. Es ist – um ein Bild zu gebrauchen – wie beim akustischen Phänomen der Resonanz: Ein Gegenstand beginnt mitzuschwingen, wo ihn ein Ton seiner Wellenlänge erreicht. So wird auch das menschliche Herz zum Mitschwingen veranlaßt, wenn es von jener Liebe erreicht wird, auf die es von Natur her ab-„gestimmt" ist; es wird *befähigt*, sich ihrem Angebot zu öffnen und sich aus dieser Zuwendung der Liebe in der Antwort der Gegenliebe, die sich in Glaube und Nachfolge manifestiert, neu zu bestimmen. Auf dieser Linie bemerkt schon der altchristliche Schriftsteller Pelagius: „Liebe ruft Liebe hervor" (Exp. ad Rom. 5,5) und: „Wer vollkommen geliebt wird, gibt sich ganz dem Willen des Liebenden hin; nichts ist bestimmender und drängender als die Liebe" (Ep. ad Cel. 4).

Dieser Sachverhalt läßt sich auch phänomenologisch überprüfen. Wenn man nach den Faktoren fragt, die das Leben je verändert haben, so daß es neue Perspektiven empfing, eine neue Richtung nahm, menschlicher, erfüllter, liebevoller wurde, dann weiß wohl jeder von konkreten Erfahrungen zu berichten: von Begegnungen mit anderen Menschen, von Beeinflussungen durch Gemeinschaften (Erziehung, Familie, Freundschaft, Gemeinde), von Anerkennung und Vergebung, die einem zuteil wurden, von Worten, die ins Herz trafen. Im Zentrum solcher Erfahrungen stehen Liebe, die geschenkt, Anerkennung, die zugesprochen, Communio, die eröffnet wurde. Genau dies hat erfahrbar Befreiung aus Ichverfangenheit, tödlicher Isolierung und Perspektivenlosigkeit, aus dem Kreislauf von Angst, Selbstbehauptung und Verzweiflung ausgelöst[67]. Darüber hinaus wachsen in der Liebe Fähigkeiten und Energien zu, die früher nicht da waren, Kräfte zum mutigen Handeln und zum geduldigen Durchhalten. Liebe bewirkt Freude und Freiheit, sie ermuntert zu Hoffnung, Wagnis, Zuversicht. „Die Liebe hofft alles, duldet alles" (1 Kor 13,7). Wo also jemand geliebt und angenommen ist, wo er Anerkennung, Vertrauen und Vergebung erfährt, da vermag er sich auch von Grund auf zu ändern. Es ist die Liebe, die vom Liebenden auf den Geliebten gleichsam übergreift und die „große Verwandlung" des Lebens bewirkt. Darum sehen Liebende die Welt mit neuen Augen, sie erfahren sich als „neu geboren", als „neue Menschen". Die Vorgabe der Liebe ist schöpferisch, sie macht den anderen liebenswert und gemeinschaftsfähig.

Was an diesen zwischenmenschlichen Erfahrungen ablesbar ist, kann ein schwaches Bild für das sein, was die in Jesus Christus endgültig offenbare Liebe Gottes und das in ihm aufleuchtende Leitbild wahren Menschseins vermögen. Wir werden frei von der Verstrickung in das Böse und erhalten jenen neuen Anfang geschenkt, der uns durch Glaube und Nachfolge mehr und mehr in die Communio Gottes hineinwachsen läßt.

Dennoch ist der Hinweis auf die zwischenmenschliche Befreiungserfahrung der Liebe nicht ausreichend, um die Befähigung zur neuen erlösten Praxis vor Gott zu verstehen. Denn Gottes Liebe kann den Menschen, solange dieser in Welt und Zeit lebt, immer nur *zeichenhaft* erreichen, in geschöpflichen Vermittlungen, in Zeichen, die mit der bezeichneten Wirklichkeit nicht identisch sind und darum auch immer mehrdeutig und mißver-

---

[67] Die Macht der Liebe geht so weit, daß sie – wie die psychosomatische Medizin zeigt – sogar körperliche Krankheiten, die in der seelischen Desintegration des Menschen gründen oder mit ihr verbunden sind, heilen kann, indem sie die verschütteten integrativen Kräfte zu befreien oder zu stärken vermag.

stehbar bleiben. Ganz allgemein gilt ja, daß ein Zeichen das Bezeichnete zwar enthüllt und offenbart, daß es aber – wegen der Differenz zum Bezeichneten – zugleich verhüllt und deshalb in seiner Ambivalenz auch verschiedene Reaktionen hervorrufen kann. Ein Beispiel: Das Geschenk eines Rosenstraußes am alljährlichen Hochzeitstag kann Zeichen wahrer Liebe sein, beseitigt aber in sich gesehen nie den Verdacht, es handle sich um eine Routine-Angelegenheit, vielleicht sogar nur um einen billigen Ersatz *für* oder um einen trügerischen Schein *von* real verweigerter Liebe. Deshalb erfordert die Entgegennahme von Zeichen immer den wagenden Einsatz des Empfängers, die Mehrdeutigkeit des Zeichens zu vereindeutigen.

Das gilt auch und im Besonderen von der – unter den Bedingungen der Geschichte – nicht übertreffbaren Offenbarung Gottes in Jesus Christus. Zwar ist in ihm Gottes befreiende Liebe, vergebende Zuwendung und unrücknehmbarer Gemeinschaftswille enthüllt. Insofern aber Gott sich hier in einem Menschen (theologisch genauer: in der menschlichen Natur Jesu) offenbart, ist seine Selbstmitteilung zugleich auch verhüllt – man denke nur an das Paradoxon, daß Gottes Herrlichkeit gerade in der äußersten Erniedrigung des Gekreuzigten erscheint – und steht nur dem Wagnis des Glaubens offen. Ähnliches ist vom Leitbild wahren Menschseins zu sagen, das in Jesus Christus mit dem Anspruch universaler Geltung auftritt. Auch dieses Zeichen steht vielfachen Mißverständnissen offen, angefangen von der Infragestellung des *universalen* Anspruchs bis hin zur Uminterpretation Jesu auf eine „gesetzliche", d. h. durch Selbstleistung zu realisierende Normgestalt.

All diese und andere Vieldeutigkeiten und Verhüllungen verhindern, daß zwischen der Offenbarungsgestalt Jesu Christi und dem angesprochenen Menschen „*von selbst*" jenes „Resonanzgeschehen" entsteht, von dem bereits die Rede war. Zwischen den „*äußeren*" Zeichen der Erlösung und der „*inneren*" Entgegennahme von seiten des Menschen muß eine „Übereinkunft" hergestellt werden. Die inneren Augen und Ohren müssen geöffnet und das „Herz" des Menschen bewegt werden, auf daß er die Zeichen versteht und ihnen entsprechen kann. Diese „Übereinkunft" wird, wie die Heilige Schrift sagt, durch den Heiligen Geist gestiftet, der – anschaulich gesprochen – von innen her den Menschen zur Entgegennahme der befreienden Liebe Gottes ermächtigt, zur erlösten Praxis von Glaube und Nachfolge befähigt und zu einem communialen Leben antreibt. Damit zeigt sich, daß das Erlösungsgeschehen nicht Werk eines „einsamen", monarchischen, sondern des dreipersönlichen Gottes ist, der auf dreifach spezifische Weise dem Menschen Anteil an jener Gemeinschaft des Lebens gibt, die er selbst ist:

Der *Vater* ist Ursprung, Grund und Ziel aller Communio, er sendet den Sohn und den Heiligen Geist, um den verlorenen Menschen aufs Neue in sein Leben einzubeziehen.

Jesus Christus offenbart als „Sohn" und „Wort" des Vaters endgültig und radikal die Liebe Gottes und spricht als unser „Bruder" und „Stellvertreter" sein (sühnendes) Ja für uns zum Vater. Dadurch knüpft er die Menschen unlöslich zur Einheit mit Gott (und untereinander) zusammen und richtet das definitive Leitbild für wahrhaft gelingendes Menschsein auf. Seine Lebensgestalt: die unbedingte Verwirklichung communialen Daseins für Gott und den Nächsten, soll all seinen Brüdern und Schwestern eingeprägt werden.

Der *Heilige Geist* erwirkt durch seine Gegenwart im Menschen jene innere Entsprechung und Befähigung (das „neue Herz"), welche die „äußere" Gestalt Christi und seine „äußere" Einladung zur Communio zur inneren Lebensform macht im Sinne des Paulus-Wortes: „Nicht mehr ich lebe, sondern Christus lebt in mir" (Gal 1,20). Der Geist drängt dazu, sich durch Glauben und Nachfolge den Weg Jesu zu eigen zu machen, Communio zu verwirklichen sowie auch unter Anfechtungen und Bedrängnissen in Geduld und Hoffnung die Vollendung der Erlösung zu erwarten.

So gesehen, verhalten sich das erlösende Wirken Christi und des Heiligen Geistes zueinander wie äußere Gestalt und inneres Leben. Beides ist unzertrennlich miteinander verbunden. Denn Gestalt ohne Leben wäre tot, Leben ohne Gestalt leerer Rausch.

Darum will die Gestalt Christi durch das Wirken des Geistes Leben werden, das Leben des Geistes aber in der Prägung durch Christus Gestalt finden. Beides vollendet sich in der Communio mit dem Vater, „von dem alles seinen Ursprung hat und auf den hin wir leben" (1 Kor 8,6).

Das also ist das tiefste Wesen der Erlösung: Die Macht des Bösen, das die Gemeinschaft mit Gott und untereinander zerstört und in Isolierung und Angst, in Selbstbehauptungs- und Machtkämpfe, in Chaos und Verzweiflung stürzt, ist gebrochen; Sünde, Sinnleere und Tod sind umgriffen von der Liebe Gottes und damit von der Verheißung des Lebens. Gott ist mit uns eine neue und nie vergehende Communio eingegangen. So bin ich, so sind wir alle unter allen Umständen geliebt und gehalten und dürfen einen Weg gehen, der all das, woraufhin die Schöpfung angelegt ist, zur seligen Erfüllung bringt.

Bevor dieses Erlösungsverständnis weiter entfaltet wird – es ist bisher nur das tiefste Wesen, nicht aber das Ganze der Erlösung nachgezeichnet! –, gilt es, das Angeführte dem argumentativen Diskurs auszusetzen. Lassen sich die bisherigen, eher bibel- und theologie-immanenten Aussagen wenigstens ansatzhaft auch gedanklich verstehbar machen?

7. Nach-Denkendes zur Struktur der geschehenen Erlösung

Daß der Mensch seine Identität, d. h. sein Ganzsein und Heilsein nur in der Communio (mit Gott und den Mitmenschen) findet, läßt sich philosophisch – wie S. 41 ff gezeigt wurde – vermitteln. Auch ist einsichtig zu machen, daß die Macht des Bösen, von der der Mensch erlöst zu werden verlangt, letztlich in der sündhaften Verweigerung von Communio gründet. Wie aber kann der Macht des Bösen Einhalt geboten und neue Gemeinschaft gestiftet werden? Daß hier alle Initiative von Gott auszugehen hat, wenn wirklich Er Grund und Ziel aller Communio ist, scheint noch gleichfalls einsichtig zu sein. Aber wieso bedarf es dazu

eines Erlösers, ja eines Stellvertreters? Reicht es nicht aus, daß Gott durch Prophetenmund seine vergebende Liebe verkünden läßt und den Menschen neu zum Bund mit sich einlädt?
Dagegen läßt sich ein Doppeltes geltend machen.
Erstens: Zur radikalen Liebe gehört radikale Schicksalsgemeinschaft, d. h. Gemeinsamkeit des Lebens unter allen Bedingungen, Praxis des Füreinander-Daseins, Austausch des je Eigenen. Liebe wird nicht wahr durch Ankündigungen, Erklärungen und „Offenbarungen", sondern allein durch glaubhaftes Tun, das in der realen Gabe seiner selbst, in der man sich nichts vorbehält, aufgipfelt. So wird verständlich, daß Gottes unüberbietbare Liebe „Fleisch" wird, um unser Leben zu teilen, um anzunehmen, was wir sind, und uns zu geben, was er besitzt. „Er, der reich war, wurde euretwegen arm, um euch durch seine Armut reich zu machen" (2 Kor 8,9).
Dadurch, daß Gott seine Liebe selbst da nicht zurückzieht, wo sie von den Menschen verkannt, verspottet oder abgewiesen wird und am tödlichen Nein des Adressaten zu scheitern droht, wird glaubhaft, daß seine vergebende Liebe und sein Wille zum Bund unter schlechthin allen Bedingungen gilt und unrücknehmbar ist, daß – kurz gesagt – sein Ja stärker ist als das menschliche Nein. So wird verständlich, daß die vom Christentum bezeugte Erlösung, die auf eine endgültige, durch nichts zu erschütternde Communio des Menschen mit Gott zielt, untrennbar mit der Selbstoffenbarung und Selbstgabe Gottes als fleischgewordener, ja als gekreuzigter Liebe, die unser Geschick teilt, verknüpft ist. Gottes Sohn unterstellt sich den Mächten der Finsternis, um gerade hier die Doxa (Herrlichkeit) göttlicher Liebe zu erweisen. (Dies dürfte die spezifische Sicht und Pointierung der johanneischen Erlösungslehre sein.)
Doch ist ein *Zweites* hinzuzufügen. Der Begriff der Selbstoffenbarung Gottes als radikaler Liebe reicht noch nicht aus, um die Erlösungswirklichkeit in *allen* Dimensionen nach-denkend zu erfassen. Zum christlichen Begriff einer „communialen" Erlösung gehört darüber hinaus die Unterbrechung der sich fortzeugenden Dynamik des Bösen *von seiten des Menschen* wie auch

ein neues *menschliches* Ja zum Angebot des Bundes. Würden diese beiden Elemente (welche der eigentliche Sinn der biblischen Sühneriten sind) entfallen, so würde sich Erlösung über den Menschen hinweg als ein monologisch-„magisches", nicht aber als ein communiales Geschehen ereignen (siehe S. 89). Der Mensch, vom Bösen tödlich angeschlagen, ist aber eines solchen erlösenden Mittuns nicht fähig. Wie die besondere alttestamentliche Heils-, aber auch die übrige Menschheitsgeschichte zu erkennen gibt, vermag der Mensch weder die geballte Macht des Bösen „auszuleiden", noch ein volles und für alle Zukunft geltendes Ja zur Communio Gottes zu sagen. Er scheitert an der Aufgabe, „Bundespartner" Gottes zu sein. Von solchen Überlegungen her ist ein Zugang zu jener Dimension des Erlösungsgeschehens erschlossen, wonach der Sohn Gottes als unser Menschenbruder stellvertretend für uns sowohl die Dynamik des Bösen durchträgt und durchbricht als auch sein endgültiges Ja zum Bund mit Gott spricht.

So schlüssig solche Überlegungen in sich auch sein mögen – schlüssig unter der Voraussetzung, daß sich endgültige Erlösung von Gott her *tatsächlich* ereignet hat –, fragwürdig muß heutigem Denken die Idee der Stellvertretung erscheinen. Sie widerspricht so allem, was der Neuzeit verstehbar und „heilig" ist. Wie kann es überhaupt eine Stellvertretung im innersten Bereich meiner Beziehung zu Gott geben? Wie kann ich durch Stellvertretung eines anderen und nicht durch Selbstbestimmung zu meinem letzten Ziel, zum Heil- und Ganzsein gelangen? Ist hierfür nicht – wenn überhaupt – meine eigene Freiheit herausgefordert? Bedeutet Stellvertretung nicht Ersatz für das, was ich selbst nicht leisten kann oder will, und hat sie damit nicht Entmündigung und Entfremdung des Menschen zur Folge? Kein Wunder, daß im spezifisch neuzeitlichen Denken die Stellvertretungsidee in eine tiefgreifende Krise kam und bis heute nicht nur in der Philosophie, sondern auch in den soteriologischen Entwürfen der Theologie (von wenigen Ausnahmen abgesehen) mit Kunst und Fleiß ausgeklammert oder umgedeutet wird.

Nun wird in der Tat „Stellvertretung" zu einem Unbegriff, wenn man undifferenziert und unkritisch den spezifischen Ansatz neuzeitlichen Denkens übernimmt, d. h. wenn man denkerisch beim Einzelsubjekt und dessen unauswechselbarer Freiheit einsetzt. Wo das oberste Prinzip lautet: Ich bin ich, ich muß mich selbst verwirklichen! und wo die höchste sprichwörtliche Devise heißt: Selbst ist der Mann (die Frau)!, da ist von vornherein der Zugang zum Stellvertretungsgedanken verschlossen. Dieser steht und fällt mit der Anerkennung der Communio-Idee als der im göttlichen wie im geschöpflichen Bereich höchsten Wirklichkeit schlechthin (vgl. S. 29ff). Communio besagt, daß das Ich trotz seiner, ja *in* seiner Unverwechselbarkeit und Freiheit durch die Beziehung zu „anderen" vermittelt ist. Alles personale Sein ist wesenhaft relationales Sein, Mit-Sein, das durch das Sein und Handeln der anderen qualifiziert ist. Was der andere tut, bestimmt meine Freiheit mit; was ich tue, bestimmt die Freiheit des anderen mit. Die Selbstbestimmung des einen wird zum Schicksal der anderen, das freie Handeln der vielen zum Schicksal des je einzelnen. Im Blick auf ein solches „organisches Mitsein", das nicht erst auf Grund der Heilsgeschichte, sondern bereits auf Grund der communial verfaßten Schöpfungswirklichkeit gegeben ist, kann Paulus, anknüpfend an antike, insbesondere an stoische Vorstellungen, von den vielen Gliedern am einen Leib sprechen, die so untereinander verbunden sind, daß die Folgerung gilt: „Wenn *ein* Glied leidet, leiden alle Glieder mit; wenn ein Glied geehrt wird, freuen sich alle anderen mit ihm" (1 Kor 12,26). Versteht man also Person in ihrem theologischen und philosophischen Ursinn[68] als ein einmaliges, durch ihre Beziehungen in der Communio konstituiertes Wesen, so ist alles personale Handeln zugleich ein Handeln zugunsten oder zu Ungunsten der anderen; und alles personale Erleiden zugleich ein Erleiden, das mir zum Guten oder Bösen vom andern her widerfährt. Kurz: Im eigenen Tun stehe ich auch für die anderen, mit denen ich auf Gedeih und Verderb verbunden bin. In mir

---

[68] Vgl. dazu G. Greshake (Anm. 20), 75–86.

sind gewissermaßen die anderen „präsent", ich vertrete immer auch die anderen mit. Das Gewicht dieser „Vertretung" ist freilich unterschiedlich gemäß der verschiedenartigen Bindungen und Beziehungen, die Menschen untereinander haben. Ihre Zuspitzung erreicht die Stellvertretung dort, wo ein einzelner so bestimmende Relationen zu den übrigen hat (und umgekehrt), daß sich eine Gemeinschaft in diesem einzelnen „vertreten" und „zusammengefaßt" weiß.

In dieser Perspektive kennt man in der ganzen antiken Kultur (bis noch hin zum korporativen Denken des Mittelalters) die Idee der sogenannten „korporativen Persönlichkeit". Damit ist gemeint, daß „eine ganze Gruppe, einschließlich ihrer toten, lebenden und noch kommenden Mitglieder, wie ein einziges Einzelwesen handeln kann, und zwar durch eines ihrer Mitglieder, das sie zu vertreten berufen ist"[69]. In diesem Einen, zumeist dem Vater oder Führer des Gemeinwesens, ist dieses vollkommen enthalten. Was also die Wirklichkeit einer sozialen Größe ausmacht, verdichtet sich zeichenhaft – anschaubar und handlungsmächtig – in Einem, der infolgedessen zugleich repräsentiert und führt. Dies ist nicht so zu verstehen, als ob – auf der Linie neuzeitlicher Gesellschaftsordnungen – die betreffende Gemeinschaft einer bestimmten Person durch einen rechtlichen Akt (z. B. Wahl) Handlungsvollmacht delegiert hätte, wie dies etwa im modernen Staat für die Parlaments-„Abgeordneten" gilt, auch nicht so, als ob ein einzelner durch Zustimmung der anderen zu einem (auswechselbaren) Repräsentations-„Symbol" der Gemeinschaft wird, wie es heute in einigen Staaten z. B. der Bundespräsident ist. In beiden Fällen wird die Gesellschaft *durch* eine Person repräsentiert, und zwar dadurch, daß die einzelnen freien Subjekte sie durch einen freien Akt (Wahl) zu solcher Repräsentanz ermächtigt haben. Hier ist die Repräsentierung der Gemeinschaft im Vergleich zur Freiheit der einzelnen etwas

---

[69] H. Wheeler Robinson, The Hebrew conception of corporate Personality, in: ZAW, Bh. 66 (1936) 49. – Vgl. zum Ganzen auch J. de Fraine, Adam und seine Nachkommen, Köln 1962.

Sekundäres. Demgegenüber meint die alte Idee der „korporativen Persönlichkeit", daß eine bestimmte Sozietät *in* einer Person repräsentiert ist, weil diese im organischen Lebenszusammenhang der Gemeinschaft der erfahrbare Kristallisationspunkt des gemeinsamen Wollens, Handelns und Erleidens ist. In einer solchen Person werden Lebensgestalt, -schicksal und -ziel der betreffenden Gemeinschaft buchstäblich „konkret" (concrescere = zusammenwachsen). Solche „konkrete Darstellung" einer sozialen Größe in einem einzelnen kann auf vielfache Weise geschehen: durch herausragende Teilhabe eines einzelnen am Schicksal der vielen, durch besonders kreatives Wachhalten der gemeinsamen Tradition und des gemeinsamen Zieles, durch ungewöhnliche Sensibilität für die Anliegen und Intentionen der Gemeinschaft oder durch spezifische Fähigkeiten, das gemeinsame Wollen zu formulieren, zu realisieren und sichtbar zu machen. Auf Grund solcher *organischen Beziehungen* können „Korporativ-Person" und betreffende Gemeinschaft zu auswechselbaren Größen werden.

Wir haben in unserer Gesellschaftsordnung kaum etwas, das der antiken Idee einer „korporativen Persönlichkeit" vergleichbar ist, weil „Repräsentation" = „Stellvertretung" seit Beginn der Neuzeit fast ausschließlich im juridischen Sinne einer Vollmachtsübertragung seitens freier Subjekte verstanden wird. Dennoch ist die Idee der Stellvertretung unserer persönlichen Erfahrung nicht fremd. In wenig institutionalisierten Kleingemeinschaften (Familie, Freundeskreis usw.) gibt es noch – meist unbewußt – Vollzüge von Stellvertretung, so wenn sich in einem Vater oder einer Mutter die Familie repräsentiert „fühlt" oder wenn sich ein Freundes- oder Aktionskreis um ein Mitglied versammelt, das gleichsam die „Symbolfigur" dieses Zusammenschlusses ist. In solchen und ähnlichen Zusammenhängen wird „Stellvertretung" lebendig erfahren. Sie erweist sich dabei als eine Wirklichkeit, die offenbar in einem tiefliegenden Existential des Menschen gründet. Davon zeugen die Mythen der Menschheitsgeschichte mit ihren unzähligen Stellvertretungs-Erzählungen. Davon zeugen Psychologie und Pädagogik, die uns über das Gewicht des Seins und Handelns einzelner für das Ganze belehren. Davon zeugt eine alte philosophische Tradition, die z. B. bei Aristoteles in einem Prinzip aufgipfelt, das noch bis in die Hochscholastik hinein eine bedeutsame Rolle spielte: „Was wir durch Freunde vermögen, ist in gewisser Weise unser eigenes Tun. Denn das die Freunde bewegende Prinzip sind wir" (Nik. Eth. 3,5). Vor allem aber zeigt die Reflexion auf das communiale Verfaßtsein des Menschen, daß Möglichkeit und Tatsächlichkeit stellvertretenden Handelns dessen logisches Implikat sind: Wo jemand konstitutive Relationen zu bestimmten Menschen besitzt (und diese zu ihm), kann er auch für diese stellvertretend einstehen; wo einer konstitutive Relationen zu *allen* Menschen besitzt, kann er Stellvertreter *aller* sein.

Auf diesem Hintergrund spitzt sich die Frage nach der Erlösung der, was das Heil angeht, handlungsunfähigen, verlorenen Menschheit auf das Problem zu, ob es einen Menschen gibt, der durch seine Beziehung zu allen anderen (und aller zu diesem einen) konstituiert ist. Der christliche Glaube beantwortet diese – in der Reflexion nicht beantwortbare – Frage mit Verweis auf Jesus Christus: Sein Menschsein ist getragen von der unendlichen Liebesfähigkeit des Sohnes Gottes. Es ist bestimmt nicht nur durch grenzenlose Relation auf den Vater, sondern auch – vom Vater her – auf uns hin. Es verwirklicht sich als unbedingte Pro-Existenz für alle Menschen, für die Lebenden und Verstorbenen, für Vergangenheit, Gegenwart und Zukunft. Als unser Menschenbruder, der in seiner Menschwerdung Beziehung zu allen Menschen aufgenommen hat und der somit zum „Kristallisationspunkt" aller Relationen der ganzen communial verfaßten Menschheit geworden ist (weshalb die Heilige Schrift *ihn* als „zweiten Adam" und *uns* als „einer" in ihm bezeichnet [Gal 3,28])[70], läßt er sich bestimmen von aller Freude und Not, allem

---

[70] Vgl. auch die schöne Formulierung in GS 22, die von Johannes Paul II. in seiner Enzyklika „Redemptor Hominis" häufig wiederholt wird: „Er, der Sohn Gottes, hat sich in seiner Menschwerdung gewissermaßen mit jedem Menschen vereinigt" (vgl. RH 8,13,18).

Gelingen und aller Schuld, aller Hoffnung und allem Bösen, das je in der Geschichte verwirklicht wurde und verwirklicht wird. Nur so läßt sich Erlösung als ein Geschehen denken, das auch die Toten und Leidenden der Vergangenheit und die aller denkbaren Zukunft einbezieht. Vorbehaltlos und bis zum Letzten solidarisch – was in unserer Erfahrung nicht nachvollziehbar ist, da wir immer nur eine je partikuläre und bedingte Solidarität verwirklichen –, trägt er Schuld, Leiden und Todesverfallenheit der ganzen Welt. Er leidet sie „aus" und kehrt das menschliche Nein gegen Gott um in ein neues, endgültiges Ja. Damit „nimmt er (radikal und endgültig in seinem Tod) die sündige Gottferne und Schöpfungsfeindlichkeit seiner Mitmenschen hinein in sein Zugewandtsein zum Vater und läßt so umgekehrt Gottes vergebend-aufrichtende Liebe genau an der ‚Stelle' der Sünder, in ihrem Fernsein von Gott dasein und wirksam werden"[71]. Indem er, „einer von Milliarden und gleichzeitig dieser einzigartige" (RH 1), in einer unbedingten doppelten Solidarität steht (ganz dem Vater und ganz uns verbunden), fügt er in seiner Person den dem Menschen zugewandten Gott und die von Gott abgewandte Menschheit versöhnend zusammen, so daß beide in Ewigkeit nicht mehr auseinandergerissen werden können. Die durch die Sünde geschehene ungeheure Zerspannung und Zerspaltung der Wirklichkeit ist in ihm aufgehoben und wieder zur Einheit zusammengefügt, so daß es keine noch so große Desintegration des Bösen gibt und geben wird, die von ihm nicht schon „überholt" ist, da in seinem stellvertretenden Tun die unheilvolle Macht des Bösen endgültig besiegt und endgültige Communio gestiftet ist.

Daß Stellvertretung nicht Ersatzleistung bedeutet, sondern daß sie zu einem Lebensweg befähigt, auf dem wir uns das Tun des Stellvertreters zu eigen machen können, wurde schon in einem anderen Zusammenhang erörtert (S. 104 ff) So zeigt sich jedenfalls, daß der Glaube an eine sühnende Stellvertretung auf dem Hintergrund eines communialen Menschenbildes und einer chri-

---

[71] H. Kessler, Erlösung / Soteriologie, in: NHThG I, 251.

stologischen Konzeption, die Jesus Christus als den durch universale Beziehungen bestimmten Menschen sieht, in sich schlüssig ist und sich im Nach-denken als einsichtig zu erweisen vermag.

V. Die Wirklichkeit der Erlösung als communiale Praxis

1. Erlösung – ihr Wesen und ihre Realisierung durch Praxis

a. Erste Antwort und weiterführende Fragen

„Das also ist das tiefste Wesen der Erlösung: die Macht des Bösen, das die Gemeinschaft mit Gott und untereinander zerstört und in Isolierung und Angst, in Selbstbehauptungs- und Machtkämpfe, in Chaos und Verzweiflung stürzt, ist gebrochen; Sünde, Sinnleere und Tod sind umgriffen von der Liebe Gottes und damit von der Verheißung des Lebens. Von Gott her ist eine neue und nie vergehende Communio gestiftet; ich, wir alle sind unter allen Umständen geliebt und gehalten, und damit ist uns ein Weg eröffnet, der all das, worauf die Schöpfung angelegt ist, zur seligen Erfüllung bringt" – so war vor unserem Exkurs „Nach-Denkendes" das bisherige Ergebnis formuliert worden (S. 113).

Ist das aber alles? Ist eine solche Bestimmung von Erlösung nicht viel zu wenig real, greifbar, konkret? Ist das alles nicht eine – im schlechten Sinn – zu „theologische" Redeweise, abstrakt, akademisch, an der tagtäglichen Wirklichkeit des Lebens vorbei? Und reduziert sich nicht auch hier wieder Erlösung auf erlöste Innerlichkeit, was wir anfangs (S. 17f) bei Augustinus kritisierten? Wo bleibt bei all dem die Welt? Ist die massive Erfahrung ihrer Unerlöstheit, die sich uns ständig aufdrängt, vergessen? Wie und wo ist das, was über die Entmachtung des Bösen und die Stiftung neuer Communio gesagt wurde, „verifizierbar", wie und wo wird das zur konkreten, Leben bestimmenden Wirklichkeit?

In der Tat bezieht sich das, was bisher über Erlösung ausgeführt wurde, zwar auf ihr innerstes Zentrum und auf ihre theologische

Struktur („Baugesetz"), aber keineswegs auf ihr Ganzes. Ziel des Erlösungsgeschehens ist ja ein allseits befreites, ganz und gar glückendes, vollendetes Menschsein in einer befreiten, heilen Gesellschaft und Welt. Auch wenn der Glaubende weiß, daß dieses Ziel sich erst am Ende eines langen Weges jenseits der jetzt überblickbaren Geschichte erfüllt in der unmittelbar erfahrenen Gemeinschaft mit Gott, in seinem vollendeten „Reich", das die Maße unserer Welt sprengt, so hebt es doch hier und jetzt bereits an; es wirft im Gehen des Weges, im Prozeß der Verwirklichung seinen Vorschein voraus. Davon soll im folgenden ausführlich die Rede sein.

Doch bildet das, was bisher über die „innerste Mitte" der Erlösung gesagt ist, die unabdingbare Voraussetzung für alles weitere. Auch die drei „neuen" Fragen nach Erlösung (siehe S. 28) finden allein von hier aus eine neue mögliche Antwort:

Da war *erstens* die Frage nach der eigenen heilen Identität. Sie erhält nur dann eine Lösung, wenn ich unter allen Bedingungen angenommen und geliebt bin und mich deshalb auch selbst annehmen und „leiden" kann. Auf diesem Hintergrund erhält das im Erlösungsgeschehen zugesprochene Ja Gottes seine anthropologische Bedeutung: Ich kann mich selbst annehmen, weil ich unbedingt angenommen bin.

Da war *zweitens* die Frage nach gelingenden Beziehungen zum Mitmenschen. Auch hier gilt: Nur wer selbst geliebt und in der Liebe gehalten ist, vermag wahre Liebe (und nicht nur egoistisches, weil Gegenliebe erwartendes „Nett"-Sein) an andere weiterzugeben. Denn erst wenn der andere, der womöglich von sich her gar nicht liebenswert ist, durch Gottes erlösende Liebe – als Bruder und Schwester Jesu Christi, als Sohn und Tochter des gemeinsamen Vaters, als Mit-Glied der vom Heiligen Geist belebten Communio – liebenswert geworden ist, vermag ich ihn in seiner Größe und Würde anzuerkennen und anzunehmen.

Da war schließlich *drittens* die Frage nach einer „gnädigen Welt". Auch sie findet nur dann eine Lösung, wenn ich diese bewohnen darf als einen Raum, der unter allen Umständen von Gott umgriffen und in ihm geborgen ist und auf dessen „krummen Zeilen" Gott dennoch „gerade" schreiben kann. So gesehen ist das in der Mitte des Erlösungsgeschehens stehende unbedingte Ja Gottes zu seiner Schöpfung die unabdingbare Voraussetzung dafür, daß Erlösung Wirklichkeit werden kann. Aber es ist noch nicht das Ganze.

Denn was Gott in der unableitbar freien Initiative seiner Liebe getan hat und tut, muß und kann vom Menschen angeeignet, umgesetzt, „realisiert" werden und erreicht dadurch die erfahrbare Wirklichkeit unserer Welt.

Wir stoßen hier wieder auf jenes „Grundgesetz", das unmittelbar mit dem Communio-Gedanken verknüpft ist: Da Gott mit dem Menschen wirkliche Communio eingeht und diese ein wechselseitiges Miteinanderwirken einschließt, wird seine voraufgehende, initiierende Gabe immer zugleich zur Auf-Gabe für den Menschen, zur Befähigung und Herausforderung zum Mitwirken. Gott ist es, der gibt, aber er gibt: zu *tun* (vgl. S. 38 f).

b. Gott gibt: zu tun

Die Einladung zum Mittun gilt auch für das Erlösungswerk. Zwar ist Gott allein der Erlöser und Befreier des ohnmächtig darniederliegenden Menschen. Doch geschieht Erlösung auf eine „communiale" Weise. Auch sie geschieht nicht ohne den Menschen oder über ihn hinweg. Als Beispiel sei nur an das Urbild der alttestamentlichen Erlösungserfahrung erinnert, an die Befreiung Israels aus der Sklaverei Ägyptens und seinen Einzug in das verheißene Land der Freiheit. Diese Erlösung fällt zwar als große unverdienbare Gabe Gottes Israel zu. Aber sie kommt nicht ohne menschliches Mittun an ihr Ziel. Israel muß aufbrechen und sich auf den Weg machen, es darf den mühsamen Aufenthalt in der Wüste nicht scheuen und hat sich hier zum Gottesvolk „fügen" und „erziehen" zu lassen (vgl. z. B. Dtn 8), so daß es unter den übrigen Völkern zu einem leuchtenden Zeichen für die Leben, Weisheit und Gerechtigkeit vermittelnden Weisungen Gottes wird. Dieses Mitwirken erreicht seinen Höhepunkt im Erlösungswerk Jesu Christi. Auch hier ist es

Gott, der den Menschen endgültig vom Bösen befreit und einen niemals endenden Bund mit ihm eingeht, aber ebenso ist ein Mittun des Menschen („Sühnen") gefordert. Um dessentwillen stellt Gottes Sohn sich auf unsere Seite und handelt stellvertretend für uns, so jedoch, daß auch dadurch uns noch einmal ermöglicht wird, in seine Nachfolge zu treten und nachzuvollziehen, was er zunächst an unserer statt tat. Schließlich ist die Vollendung der Schöpfung, die Aufrichtung endgültigen Heils, Werk des Dreifaltigen Gottes, aber der Mensch hat, befähigt durch den Heiligen Geist, die Aufgabe, die Schöpfung dieser Vollendung entgegenzuführen, gleichsam die ersten Strahlen der kommenden Sonne des „Reiches" erglänzen zu lassen.

Durch dieses vielgestaltige, auf den verschiedenen heilsgeschichtlichen Stufen unterschiedliche Mittun des Menschen wird jeweils das, was Gott schenkt, im Raum der Welt erfahrbar; es wird sozusagen aus der unsichtbaren vertikalen Beziehung Gott–Mensch umgesetzt in die sichtbare Horizontale zwischenmenschlicher Beziehungen und konkreter weltlicher Zustände. So „verleiblicht" sich das erlösende Tun Gottes durch den leibverfaßten Menschen in Gesellschaft und Welt und erreicht in dieser „Verleiblichung" seine letzte und eigentliche Verwirklichung gemäß dem schönen Wort von Fr. Chr. Oetinger: „Das Ende aller Wege Gottes ist die Leiblichkeit."

Daß die Erlösung die Welt in allen ihren Dimensionen erreichen will und auch tatsächlich erreicht, bezeugt die Heilige Schrift auf unzählige Weisen. Geradezu als Motto stellt Lukas über das Leben Jesu die schon S. 20 angeführten Jesaja-Worte:
„Der Herr hat mich gesandt,
damit ich den Armen die Frohe Botschaft bringe;
damit ich den Gefangenen die Entlassung verkünde
und den Blinden das Augenlicht;
damit ich die Zerschlagenen in Freiheit setze
und ein Gnadenjahr des Herrn ausrufe" (Lk 4,18f).
Dieses Programmwort erfüllt sich im erlösenden Wirken Jesu.

Auf die Täufer-Frage: „Bist du der, der kommen soll?", antwortet Jesus: „Geht und berichtet Johannes, was ihr gesehen und gehört habt: Blinde sehen wieder, Lahme gehen, und Aussätzige werden rein; Taube hören, Tote stehen auf, und den Armen wird das Evangelium verkündet" (Lk 7,22).
In diesen wenigen Versen ist zusammengefaßt, wovon das Leben Jesu voll ist: Wo ein Mensch – in diesem Fall Jesus – Communio mit Gott lebt, vermag er glückendes, gelingendes Leben darzustellen und weiterzugeben, so daß die Welt ein neues Gesicht erhält; Arme und Kranke, Hungernde und Dürstende erfahren Heil, Heilung und Hoffnung; Einsame und Isolierte, gesellschaftlich Geächtete und Versager werden zur neuen Gemeinschaft der Familie Jesu zusammengefügt; das Böse und Dämonische, wo immer und wie immer es auftritt, wird entlarvt und vertrieben; statt Gewalt und Herrschaft des einen über den anderen wird eine neue Brüderlichkeit unter den Menschen gestiftet, in der einer dem anderen in Liebe dient.
Jesus beauftragt seine Jünger, ganz das Gleiche zu tun wie er: „Geht und verkündet: Das Himmelreich ist nahe. Heilt Kranke, weckt Tote auf, macht Aussätzige rein, treibt Dämonen aus!" (Mt 10,7f). Er trägt ihnen auf: „Gebt ihr ihnen (den Hungernden) zu essen!" (Mt 14,16). Er gibt ihnen die Weisung: „Ein Beispiel habe ich euch gegeben, damit auch ihr so handelt, wie ich an euch gehandelt habe": *dienen!* (Joh 13,15). Er erwartet von ihnen: „Unter euch soll es nicht so sein", nämlich so, wie es sonst in der Welt zugeht mit Unterdrückung, Gewalt und ungerechter Herrschaft (vgl. Lk 22,26). In all dem gibt Jesus uns „ein Beispiel", damit wir „seinen Spuren folgen" (1 Petr 2,21). Diese Sicht des Erlösungsgeschehens wird besonders im lukanischen Doppelwerk hervorgehoben: Erlösung ist hier vor allem thematisiert als Nachgehen des Weges Jesu. Aber auch die paulinischen Briefe zeigen klar, daß das Wirken Gottes in eine erlösende menschliche Praxis umzusetzen ist. Immer gilt dabei die unumkehrbare Sequenz, daß aus dem Indikativ der Gabe der Imperativ der Aufgabe erwächst: Diejenigen, die schon Bürger der kommenden „polis" (= Bürgerschaft) Gottes sind (vgl. Phil

3,20), sollen sich auch als solche Bürger benehmen (vgl. Phil 1,27). Die zum Lebensbereich Christi gehören, haben „in einem neuen Leben zu wandeln" und sich „in den Dienst Gottes zu stellen" (Röm 6). Denn in ihnen „bemächtigt sich der Kosmokrator jener Welt, die seine Herrschaft vordem nicht anerkannte"[72]. Deshalb haben die Christen die Aufgabe, sich nicht dem bestehenden „Alten" anzugleichen, sondern in dieser Welt „eine neue Gestalt hervortreten zu lassen" (Röm 12,2), und zwar in allen Wirklichkeitsbereichen der Schöpfung. „Nur im Bereich der gegenwärtigen Welt und ihrer Dimensionen und nicht in der Flucht aus ihr lebt der Christ auf die Zukunft Gottes hin. Nur insofern er die Welt aus der Machtsphäre der Verfremdung befreit hinein in die neue Machtsphäre des Kyrios und somit in ihre Weltlichkeit hinein, nur so weit kommt Gott auf diese Welt zu"[73], nur so weit „verleiblicht" sich die Erlösung in dieser Weltzeit und findet in dieser „Verleiblichung" ihre eigentliche Realisation.

2. Nach-Denkendes zur Struktur erlöst-erlösender Praxis

Auf die Struktur des erlösenden Mit-Handelns ist noch genauer einzugehen. Wir kennen aus unserer Erfahrung zwei sich zwar gegenseitig durchdringende und ergänzende, aber doch grundsätzlich verschiedene Weisen von Praxis: *herstellende* und *darstellende* Praxis.
In der ersten Weise stellen wir – wie der Begriff sagt – etwas her, wir machen, verändern, produzieren etwas. Das Tun richtet sich auf die effiziente Gestaltung von Objekten, objektiven Strukturen oder Prozessen. Damit bemächtigt sich das Subjekt (als „causa efficiens" = wirkende Ursache) der vorgegebenen Welt

---

[72] E. Käsemann, Exegetische Versuche und Besinnungen I, Göttingen 1965, 113.
[73] A. Grabner-Haider, Paraklese und Eschatologie bei Paulus, Münster 1968, 137.

und macht sie seinen Vorstellungen und Zielen „untertan". In solcher Praxis, die nicht selten dem „Willen zur Macht" (Fr. Nietzsche) entspringt, verwirklicht sich der Mensch selbst und prägt das Siegel seines eigenen Könnens aller Wirklichkeit auf. In der Neuzeit steht menschliches Handeln unter dem fast exklusiven Vorzeichen herstellender Praxis (und dem Primat der causa efficiens). Dies kann nun aber nicht die Weise sein, wie das erlösende Mittun des Menschen zu verstehen ist. Denn er kann, wenn er wirklich der Erlösung bedarf, diese nicht selbst bewerkstelligen, machen, herstellen und seine Welt damit im Grunde selbst erlösen (wenn auch ermächtigt durch göttliche Initiative).

Doch es gibt noch ein anderes Wesen des Handelns. Und dieses Wesen ist nach Martin Heidegger „das Vollbringen. Vollbringen heißt, etwas in die Fülle seines Wesens entfalten, in diese hervorgeleiten, producere"[74]. Hier ist unter „produzieren" etwas anderes verstanden: Es geht darum, etwas Vor-Gegebenes zu „vollbringen", d. h. in eine darstellende Praxis umzusetzen, so daß sich das Vorgegebene „verleiblicht", „symbolisiert" und dadurch „die Fülle seines Wesens" entfalten kann.

Was solche darstellende Praxis (oder auch „Ausdruckshandlung") ist, kann an einem Beispiel aus dem zwischenmenschlichen Bereich illustriert werden. Wenn ein Liebender dem Geliebten einen Rosenstrauß überreicht, so geht es zwar um ein Tun, eine Praxis. Aber hier wird weder etwas hergestellt, noch ein Objekt umgestaltet, noch geht es um Selbstverwirklichung des Subjekts. Hier wird vielmehr die gegenseitige Liebe dargestellt, die dadurch – um mit Heidegger zu sprechen – „vollbracht", „in die Fülle ihres Wesens entfaltet" wird. Gewiß, darstellendes Handeln kann durchaus ein herstellendes Tun einbegreifen, so, wenn z. B. ein Entwicklungshelfer, um der Wassernot eines afrikanischen Stammes zu begegnen, einen Brunnen gräbt, also etwas „herstellt". Ist dieses Tun als „Verleiblichung" seiner Solidarität, Humanität, ja Liebe gemeint,

---

[74] M. Heidegger, Brief über den Humanismus, Frankfurt 1965, 5.

wird die herstellende Praxis (das Brunnengraben) in den Horizont darstellender Praxis integriert. Motivation, Kontext und Ziel des Tuns werden damit verwandelt. Herstellende Praxis erhält selbst den Rang eines Symbols, das über sich hinausweist auf das hin, was es darstellt und worauf es abzielt: auf Liebe, welche im Tun „die Fülle ihres Wesens" entfaltet.

Damit ist auch schon angedeutet, daß „darstellende Praxis" nicht einfach nur im „Nach-Außen-Wenden" eines im „Inneren" immer schon Vorgegebenen besteht. Dies läßt sich besonders am Urbild aller darstellenden Praxis, am Leib als dem „Ausdruck der Seele", als der Urhandlung des Menschen (G. Siewerth), ablesen.

Die klassische thomanische Definition von der Seele als „forma corporis" (Formprinzip des Leibes) besagt, daß die Seele sich gerade dadurch als sie selbst verwirklicht, daß sie sich im Leib ausdrückt und in diesem Ausdruck für sich selbst, für die andern und für Gott „da" ist, „wirklich" ist. Durch den Leib aber ist der Mensch sowohl mit der materiellen Welt wie auch mit der – gleichfalls leibhaft verfaßten – sozialen Mitwelt unaufgebbar verknüpft, ja, der Leib ist jener Teil der gemeinsamen Welt, an dem ich in besonderer Weise Anteil habe. Deswegen ist er auch keine tabula rasa, kein „leeres Blatt", auf dem erstmals die eigene Seele zu „schreiben" beginnt, sondern er ist vorgeprägt durch eine Vielzahl evolutionärer, biologischer, genetischer ... Gesetzmäßigkeiten und – vor allem – durch die unzähligen Faktoren von Gesellschaft und Geschichte. Der Leib, in dem die Seele sich wesensnotwendig ausdrückt, ist somit immer schon von naturhaften und geschichtlichen Vorgegebenheiten vorgeformt. Wenn sich also die Seele im eigenen Leib (und damit verbunden im „Großleib" Welt und Geschichte) ausdrückt, so handelt es sich nicht nur um eine „harmlose" Offenlegung ihres innersten Wesens, sondern um einen geradezu dramatischen Prozeß, durch den sich „das Innerste" des Menschen in den positiven Möglichkeiten und Grenzen, in den Chancen und Widerständen eines immer schon vorgegebenen Ausdrucksfeldes zur Darstellung bringt. Aus der oft schmerzhaft erfahrenen, oft auch nur leise geahnten Differenz zwischen dem, was ich „eigentlich" möchte und dem, was mir unter den Bedingungen einer vorgeprägten Leiblichkeit (des eigenen Leibes und der des Großleibs Welt und Geschichte) faktisch zu verwirklichen möglich ist, kann geradezu der Ansporn erwachsen, die Vorbedingungen zu verändern, um die Differenz zu verkleinern oder zu beheben.

„Darstellende Praxis" (oder „Ausdruckshandeln") – wie wir sie gerade am Leib als urtypischem Beispiel erörtert haben – ist also ein eminent geschichtliches und geschichtsträchtiges Handeln. Der Unterschied zur „herstellenden Praxis" liegt folglich nicht darin, daß in jener weniger „getan" wird als in dieser. Der Unterschied liegt darin, daß in der Dimension der herstellenden Praxis der Akzent auf dem objektiven Ergebnis, auf dem sichtbaren und meßbaren Erfolg, auf dem Resultat, das man für sich und seine Interessen nutzbar machen kann, liegt, während sich „darstellende Praxis" als „Verwirklichung" des Lebens selbst versteht. Fragt „herstellende Praxis" nach dem „Wozu" einer Handlung, so stellt sich dieses Problem dem Ausdruckshandeln letztlich gerade nicht. Dieses ist rein von sich aus nicht instrumentell auf etwas anderes ausgerichtet, „es ist, was es ist". In ihm verwirklicht sich in der Differenz von „Sein" und „symbolischer Darstellung" das Leben selbst in der „Fülle seines Wesens".

Das erlösende Mittun des Menschen kann nur von der Art der „darstellenden Praxis" sein, in der sich – und das ist nun entscheidend wichtig! – nicht das (autonome) Subjekt darstellt, sondern jenes Ich, das zum Leben in der Communio Gottes erlöst und befähigt ist, so daß sich – tiefer gesehen – im erlösenden Mittun des Menschen Gott *und* Mensch, *die Communio beider,* verleiblicht und verwirklicht. In solcher realsymbolischen Praxis wird darum die von Gott gewirkte Erlösung: seine befreiende Liebe, der Sieg über das Böse und das Leben in Communio mit ihm und untereinander dargestellt, und zwar so, daß sie durch ihre „Verleiblichung" alle Dimensionen der Welt erreicht und darin „vollbracht" und „bewahrheitet" wird – nicht nur im privaten, sondern auch im gesellschaftlich-politischen Bereich.

Solches „symbolische" Tun ist transparent auf das hin, woraus es entspringt und worin es bleibend gründet: auf die grundlose Liebe Gottes zu den Menschen und mit den Menschen, die in der erlösten Praxis sichtbar und greifbar, ja geradezu „sakramentalisiert" wird. Mutter Teresa weist auf diesen Zusammenhang hin, wenn sie schreibt: „Nicht wir lieben die Armen, sondern Christus liebt sie; er liebt sie durch uns [besser wohl: durch uns *und* mit uns], weil er ihnen leibhaft nahe sein will."[75] Solches „sakramentales Tun" ist darum verbunden mit dankbarer Erinnerung, Anbetung und Hoffnung, daß – bei allem Tun des Menschen – Gott selbst es ist, der sein Werk vollendet. Wir dürfen es „nur" zum Ausdruck bringen, ohne es je erschöpfen und an sein endgültiges Ziel führen zu können. Aber gerade indem solches Handeln die Zukunft Gott überläßt, kann es sich angstlos und mutig den Herausforderungen der Gegenwart stellen. Dadurch, daß es sich damit „begnügt", glaubhafte Zeichen der Erlösung zu setzen und das je Mögliche zu tun, wird es frei von allen Formen des Totalitarismus, der meint, das „totum", das Ganze, selbst machen zu müssen und dabei nur alles überzeichnet, erdrückt und vergewaltigt. Praxis der Darstellung befreit sowohl von der Resignation wie von der Hektik des Handelns um jeden Preis, von jenem lächerlichen, sich überstürzenden Aktionismus, der keine Zeit und keine Distanz kennt, da er meint, ihm und ihm allein sei alles zugelastet. Solche Praxis schützt – wie Thomas Pröpper zutreffend und präzise ausführt[76] – „vor Selbstanmaßung, totalitärem Hochmut und jeder Verurteilung von Menschen. Von der letzten Sorge des Daseins befreit, wird sie lieber das Eigene einsetzen und die Schutzlosigkeit wählen, als auf die Strategien der Herrschaft und die Mittel des Bestehenden zu setzen und dennoch, da Gott dem

---

[75] Zit. nach Fr. Edlinger, Sakramente. Leuchtende Zeichen einer neuen Schöpfung, Wien – München 1986, 83.
[76] Pröpper (Anm. 66) 124.

einmal Begonnenen treu ist, dem Anschein der Vergeblichkeit widerstehen. Also wird sie tun, was Menschen tun können, und dazu Mut finden in dem Glauben, daß Gott selber tut, was Menschen nicht können: daß er alles Gute und Gelungene bewahrt und sogar das Verlorene und Vergessene rettet."

Daß die Erlösung auf eine erlöste und erlösende Praxis abzielt, und zwar unter den Bedingungen und angesichts der Herausforderungen der jeweiligen Situation, ist eine Einsicht, die in den letzten Jahren vor allem seitens der südamerikanischen Befreiungstheologie wieder neu und eindringlich in das Bewußtsein des christlichen Glaubens getreten ist. Diese theologische Richtung besteht darauf, daß sich die Befreiung, die Gott schenkt, zu realisieren hat in politischer und gesellschaftlicher Befreiung aus ungerechten Strukturen, menschenverachtender Gewalt und unwürdiger Armut. So wie Christus auf den Schrei der Armen und Unterdrückten gehört und ihnen entsprochen, ja sich mit ihnen „identifiziert" hat, so hat sich auch christliches Handeln zu orientieren an der „Erfahrung Gottes im Antlitz des Unterdrückten" (Kard. Lorscheider).
Bei aller Kritik, welche einzelne (!) Ausformungen der Befreiungstheologie gefunden haben, ist sie gewiß nicht darin zu beanstanden, daß hier das Erlösungshandeln Gottes mit politisch-gesellschaftlicher Befreiung zusammengesehen wird. Nur erhebt sich angesichts einiger (!) Befreiungstheologen die Frage, ob sie nicht die Zeichenhaftigkeit und damit die Ambivalenz, das Fragmentarische und „Vorscheinhafte" der Befreiungspraxis zu wenig in Rechnung setzen. Ein Fortschritt an politischer Befreiung *kann* eine Erscheinungsform der erlösenden Liebe Gottes und seiner Communio mit uns Menschen sein, und sie ist es, wenn das Befreiungshandeln den Hinweischarakter behält, d. h. wenn es wirklich *darstellende* Praxis ist und über sich hinaus auf die befreiende Liebe Gottes hinzeigt, die überdies noch größere Dimensionen hat als die gesellschaftlicher Freiheit. Sie begreift auch die Befreiung von Sünde und Tod, von Vorläufigkeit und Begrenztheit ein und stiftet Liebe zwischen den Menschen. Ob

und wie ein befreiungstheologischer Entwurf Befreiungspraxis als darstellende Praxis der in Christus geschehenen Erlösung zur Sprache bringt, dürfte letztlich über seine theologische Legitimität entscheiden.
Wenn nun im folgenden eingehender von der darstellenden Praxis der Erlösung die Rede sein wird, geschieht das auch auf dem Hintergrund der eingangs gestellten Frage (S. 12): Was hat sich seit dem Erlösungsgeschehen in Jesus Christus verändert? Ist nicht alles beim Alten geblieben? Wenn es eine „Darstellung", einen leibhaftigen „Ausdruck" der Erlösung gibt, so ist von dort eine Antwort auf diese Fragen zu erwarten.

3. Kirche als Ur-Darstellung der Erlösung

Weil Erlösung dazu befähigt und drängt, sich in „darstellender Praxis" zu verleiblichen und zu verwirklichen, ist ihre erste „Frucht" die *Kirche*. In ihr und durch sie soll die Uridee Gottes mit seiner Schöpfung: Communio und die durch Christus endgültig gestiftete Gemeinschaft dargestellt und in einem Prozeß fortschreitender Integration und „Unifikation" (P. Teilhard de Chardin) verwirklicht werden. Genau dies hob das II. Vatikanische Konzil hervor, als es die Kirche definierte als „Sakrament", d. h. als „Zeichen und Werkzeug für die innigste Vereinigung mit Gott wie für die Einheit der ganzen Menschheit" (LG 1). In einer durch die Sünde desintegrierten, zerspaltenen und zerstrittenen Menschheit soll und kann die Kirche die „Stadt auf dem Berge" sein, die Gemeinschaft jener, die jetzt schon versuchen, Communio zu leben und diese werbend und einladend der ganzen Welt als deren endgültige Bestimmung vor Augen zu halten.
So jedenfalls verstanden sich die christlichen Gemeinden von Anfang an. Ihnen war es selbstverständlich, daß man nicht allein Christ ist, glaubt, hofft und liebt, sondern in Gemeinschaft mit anderen zusammen. „Alle, die gläubig geworden waren, bildeten eine Gemeinschaft und hatten alles gemeinsam. Sie verkauften

Hab und Gut und gaben davon allen, jedem soviel, wie er nötig hatte. Tag für Tag verharrten sie einmütig im Tempel, brachen in ihren Häusern das Brot und hielten miteinander Mahl in Freude und Einfalt des Herzens. Sie lobten Gott und waren beim ganzen Volk beliebt" (Apg 2,44 ff).

Mag dies auch eine idealtypische Zusammenfassung des Lukas sein, so zeigt sich darin doch das Selbstverständnis der jungen Christenheit, für die „Gemeinschaftsbildung das ureigenste Terrain des Christusglaubens" ist[77] und die eben darin das Ziel und den Auftrag ihrer Existenz erblickt. Jesu Einheit stiftendes, sammelndes Tun, die Versöhnung und Vergebung, die er brachte, sein selbstloses Dienen und seine Selbsterniedrigung, seine Lebenshingabe und Liebe bis zum Äußersten, kurz: die Liebe ist das „neue Gebot", das als Programmwort über der Christenheit steht. So entsteht in ihren Reihen schon jetzt ein erfahrbarer Vorschein der endgültigen Communio, des verheißenen Gottesreiches. Deshalb leben die Gemeinden auch „anders", als es ihnen die von der Sünde infizierte Welt und weltliche Verhaltensmuster vorhalten. Sie prozessieren nicht gegeneinander und gehen anders mit dem Eigentum um. So schreibt Justin in seiner ersten Apologie (67,1): „Alle, die Besitz haben, kommen den Bedürftigen zu Hilfe, und wir unterstützen uns gegenseitig. Wer im Überfluß lebt und abgeben will, gibt freiwillig, jeder soviel er will. Was dabei zusammenkommt, wird dem Vorsteher übergeben; er unterstützt die Waisen, Witwen, Kranken, Armen, Gefangenen und Fremden, die zu Gast sind; kurz: er hilft allen, die in Not sind." Die Christen bemühen sich in einer Welt sozialer Ungleichheiten darum, ein neues Modell menschlichen Zusammenlebens zu verwirklichen. So gibt es in ihren Gemeinden keinen Unterschied zwischen Herren und Sklaven und Kindern, zwischen Patrizierinnen und reumütigen Huren. Deshalb kann der Schriftsteller Laktanz gegen Ende des 3. Jahrhunderts schreiben: „Unter uns gibt es nicht Sklaven und

---

[77] F. Laub, Die Begegnung des frühen Christentums mit der antiken Sklaverei, Stuttgart 1982, 94.

nicht Herren. Wir lassen keine Unterschiede untereinander gelten, und wir nennen uns alle Brüder, weil wir uns alle als gleich betrachten. Diener und Herren, Große und Kleine sind gleich auf Grund ihrer Bescheidenheit und ihrer inneren Einstellung, die sie jeder Überheblichkeit entrückt."[78] Alle betrachten sich als Brüder und Schwestern, vereint zum gemeinsamen Leben und gemeinsamen Dienst. Diese Geschwisterlichkeit bedeutet nicht Abgrenzung, sondern sie weitet sich aus auf die feindliche heidnische Umwelt. So sieht selbst ein Christenhasser wie Kaiser Julian der Abtrünnige als Gründe für die Durchschlagskraft des Christentums u. a. dessen „Philantropie gegenüber den Fremden" (Ep. ad Arsacium: Sozomenus, KG V, 16).

„Communio verwirklichen": Das ist das Grundgesetz der Kirche, weil es das Zentrum der Erlösung und das Herzstück erlösten Lebens ist. Dieses Programm hat die Kirche freilich weder je voll und eindeutig verwirklicht, noch ist sie auf ihrem Weg durch die Geschichte ihm immer treu geblieben. Im Gegenteil! Von Anfang an gab es in den christlichen Gemeinden Sünde und Streit, Parteiungen und Spaltungen. Oft, nicht selten durch ganze Epochen hindurch, war das, was Kirche eigentlich ist und sein soll, bis zur Unkenntlichkeit vermischt mit dem Gegenteil: Statt Communio darzustellen und zu verwirklichen, waren und sind Christen Urheber von Streit und Zwietracht. Sie kündigen Gemeinschaft, Einheit und Solidarität auf, statt sie zu realisieren; sie schaffen untereinander Spaltungen und infizieren damit ihre Umwelt, statt umgekehrt der zerspaltenen Welt Hei-

---

[78] Laktanz, Inst. V,16. – Wieweit diese soziale Gleichheit ging, wird durch folgendes Beispiel erhellt: „Zwei Bischöfe, und zwar bestimmt Pius und Kallixtus, waren ursprünglich Sklaven. Man stelle sich die vornehmen Cornelii, Pomponii und Caecilii vor, wie sie den Segen von einem Papst empfangen, der noch das Brandzeichen seines früheren Herren an sich trägt: So sieht die Revolution des Evangeliums aus: sie wirkt auf die sozialen Strukturen ein": A. Hamman, Die ersten Christen, Stuttgart 1985, 50. – In diesem Buch findet sich reiches Material über das Selbstverständnis der jungen Christenheit.

lung und Versöhnung zu bringen. Der heutige Slogan „Jesus ja –
Kirche nein" nimmt seine Evidenz vom Versagen der Kirche
heute und von ihrem geballt angehäuften, ungeheuren Negativ-
kapital der Geschichte.
An diesem Versagen wird deutlich, daß die Kirche als die
Darstellung der Erlösung ihre Vorgabe niemals ausschöpft, daß
sie dieser oft nur in kleinen und leisen, sehr leisen Zeichen
Durchbruch verschafft[79] und ihr nicht selten auch zuwiderhandelt. Dennoch setzt der Glaube darauf, daß auch die Sünde der
Christen und der Kirche vom endgültigen Ja Gottes und seiner
Verheißung umfangen ist. Wer daran glaubt und darauf setzt,
wird durch alle Schuld und alles Versagen der Kirche hindurch
ihren heilen, unverletzten und unverletzbaren Kern erblicken:
die Gegenwart Christi und seines Geistes, der auch in einer
sündigen Kirche Menschen zusammenruft und zur Communio
drängt. Auch in ihrem Versagen ist die Kirche ein Zeichen. Sie ist
nicht nur ein armes Zeichen für die Wirkmächtigkeit und
Präsenz der Erlösung, sondern ebenso ein Zeichen des Erbarmens Gottes, der auch zur Gemeinschaft mit sündigen Menschen steht. So ist die Kirche ein „corpus permixtum", wie

---

[79] Spezifische Zeichen kirchlichen Ausdruckshandelns sind die sog.
„Sieben Sakramente". Diese wären völlig mißverstanden, sähe man ihren
Platz und ihre Funktion allein im kultisch-gottesdienstlichen Bereich.
Vielmehr drängen sie aus sich selbst heraus dahin, den kultischen Raum
zu überschreiten und die ganze Breite menschlicher Existenz zu erfassen.
So soll aus der (kultischen) „Feier des Herrenmahls" der (reale) „Leib des
Herrn", nämlich das communiale Miteinanderleben der vielen Gläubigen hervorgehen (vgl. 1 Kor 10,17;12,12ff). Wenn dies nicht geschieht,
wenn statt Communio Parteiungen und Spaltungen verwirklicht werden, wenn Sakramente also *nur* kultisch begangen werden, gilt das Wort,
das Paulus an die Korinther gerichtet hat: „Was ihr bei euren Zusammen-
künften tut, ist keine Feier des Herrenmahls" (1 Kor 11,20). Ähnliches
ist von den übrigen Sakramenten zu sagen. *Dennoch* bleibt zwischen
kultischer Feier und realer Verwirklichung eine Differenz. Die Sakramente behalten, „bis der Herr kommt", gerade *als* kultische Zeichen
immer einen Verheißungsüberschuß über das hinaus, was je *real* ver-
wirklichbar ist. Deshalb können sie auch nicht durch eine reale Praxis
ersetzt oder abgelöst werden.

Augustinus sagt, „eine höchst gemischte Gesellschaft"; in ihr finden sich Segen und Versagen, Darstellung der Erlösung und Darstellung der Erlösungsbedürftigkeit. Sie ist Gottes Kraft in aller menschlichen Schwachheit (vgl. 2 Kor 12,9). Gerade so ist und bleibt sie unzertrennbar mit dem Erlösungswerk verknüpft. Man kann Erlösung nicht ohne die Kirche „haben".

Will man sich das Gemeinte in einem etwas „lockeren" Bild deutlich machen, so stelle man sich vor, am Palmsonntag hätten die Menschen beim Einzug Jesu in Jerusalem gerufen: „Hosiannah dem Sohne Davids! Dich wollen wir als König, aber den Esel, auf dem du sitzt, den mögen wir nicht! Weg mit ihm!" Doch der Herr hat sich nun einmal zu seinem feierlichen Einzug in die Welt den Esel erwählt; auf ihm kommt er; man kann ihn nur zusammen mit dem Esel haben. In gewisser Weise ist die Kirche der Esel Jesu Christi; sie ist das armselige Mittel, durch das er sich zur Darstellung bringt und seinen erlösenden Einzug in die Welt hält. Man kann ihn nicht „haben", ohne das mitzunehmen, was er selbst erwählt hat: die sündige menschliche Gemeinschaft „Kirche". Daß diese Feststellung kein resignatives Sich-Abfinden mit Schuld und Versagen in der Kirche bedeutet, sondern daß sie mit der steten Herausforderung verknüpft ist, die Kirche im Hinblick auf ihre Berufung, Darstellung der Communio Gottes zu sein, (auch strukturell!) zu erneuern, sei dabei ausdrücklich betont.

Nicht nur sündhaftes Versagen „relativiert" die Bedeutung der Kirche. Ein Weiteres muß noch berücksichtigt werden: Es ist nicht nur die (sichtbare, amtlich verfaßte) Kirche dazu berufen und befähigt, die Communio Gottes darzustellen und zu verwirklichen. Seit Anfang der Zeit sucht Gott seinen Urgedanken „Communio" in und mit der Schöpfung zu realisieren. Davon zeugen z. B. die kulturellen Einheiten der Menschheitsreligionen, davon zeugt vor allem die Sammlung Israels zum Gottesvolk und seine besondere heilsgeschichtliche Führung. Davon zeugt auch die Leib-Christi-Idee des Kolosserbriefes (Kol 1,15 ff), die hier kosmische Dimensionen annimmt. Und dennoch: In der Kirche soll das Einheit stiftende Handeln Gottes, das sich in Jesus Christus gegen alle Gewalten der Sünde und der Zerspaltung durchgesetzt hat, seine – unter den Bedingungen der Geschichte – endgültige Gestalt finden. In ihr sollen alle Einheitsströme und -strebungen der Menschheit ihren Platz finden und integriert werden können; in ihr soll dankbar und gläubig anerkannt und gefeiert werden, was Gottes erlösende Liebe eingesetzt und getan hat, um die verlorene Schöpfung in sein Leben zurückzuholen; in ihr soll aller Welt vor Augen gehalten werden, daß und wie endgültige Erlösung zu finden ist.

Daß dies nicht nur ein frommer utopischer Wunsch, sondern anfanghafte Realität ist, zeigt sich darin, daß das Christentum sich von Anfang an als Sammlungsbewegung für die Einheit *aller* Menschen und Menschengruppen verstand. Das ist in dieser Form ein religionsgeschichtliches Novum und Unicum[80]. Bis dahin gehörte es nicht zum Charakteristikum einer Religion, daß sie alle Menschen ohne Ausnahme erreichen wollte. Wenn *heute* auch andere Religionsgemeinschaften (wie z. B. asiatische) universale Geltung beanspruchen, so sind diese neuen Ansprüche „erst durch die Begegnung mit christlichem Gedankengut ausgelöst worden... Sie alle haben sozusagen Maß genommen an der Universalität des christlichen Anspruchs im Sinne des Apostolischen Auftrags mathēteusate panta ta ethnē"[81]. Die eindeutige Idee allumfassender Communio im einen Glauben und in der einen Liebe ist ein spezifischer Impuls, der sich als „darstellende Praxis" der Erlösung in Jesus Christus versteht und als solcher in die Menschheitsgeschichte eingetragen wurde.

Auf dieser Linie ist auch die Frage des Judentums nach dem

---

[80] Vorformen für diesen Universalismus gibt es in der späten alttestamentlichen Zeit (wobei Universalitäts-Formulierungen noch neben andersgearteten Aussagen stehen, wonach nämlich Israel Ort des Heils ist) sowie in der stoischen „politischen Theologie".

[81] H. Bürkle, Der christliche Anspruch angesichts der Weltreligionen heute, in: Absolutheit des Christentums, hrg. v. W. Kasper, Freiburg – Basel – Wien 1977, 89. 101 (siehe auch den ganzen Beitrag 83–103).

„Neuen", das mit Christus gekommen sei, zu beantworten: Bis auf Christus lebten die Heidenvölker ohne die Hoffnung Israels, „sie lebten nicht im großen Verheißungszusammenhang, im Unterschied von Israel." Demgegenüber haben durch Christus und in seinem Pneuma „alle Menschen, wer sie auch seien, denselben unmittelbaren ‚Zugang' in das Allerheiligste, ‚zum Vater', dessen Kinder alle sind; nicht mehr nur der Hohepriester (und auch dieser nur am Yom Kippur [Versöhnungstag]). Zugang aller zum Vater durch Christus: Das ist das eschatologisch Neue schlechthin, das durch Jesus in die Welt gekommen ist. Seit Jesus dürfen alle Menschen... zu Gott ‚Abba' sagen"[82], alle gehören in gleicher Weise zur großen Communio Gottes.

4. Erlöste Praxis

Während Kirche insgesamt „Ur-Darstellung" und erste Frucht der Erlösung ist, realisiert und verifiziert Erlösung sich für den einzelnen darin, daß er durch die Taufe in die Gemeinschaft der Erlösten aufgenommen und zu Glaube, Hoffnung und Liebe befähigt wird. Glaube, Hoffnung und Liebe sind jene geistgewirkten Grundhaltungen und -gestalten des Lebens, die eine erlöste Praxis ermöglichen und in denen sich die Erlösung in allen Dimensionen des Daseins „darstellt" und „wirklich" wird.

a. Praxis des Glaubens

Durch die Antwort des Glaubens tritt der Mensch in den Raum der Erlösungswirklichkeit ein. Er gibt es auf, sich im Zirkel der eigenen Selbstbehauptung (oder Verzweiflung) zu verwirklichen, indem er sich gemeinsam mit den übrigen Mitglaubenden vom Wort Gottes bestimmen, auf den Weg der Nachfolge Christi stellen und dem Drängen des Heiligen Geistes öffnen

---

[82] Fr. Mußner, Was es vor Jesus nicht gab, in: Zur Debatte 16 (1986) Nr. 2, 13.

läßt, kurz: indem er in Communio mit dem Dreifaltigen Gott tritt. So ist der Glaube das Fundament erlösten Lebens überhaupt. In der Praxis des Glaubens, wie ihn die Heilige Schrift versteht, ist *das Ganze* der Erlösung unter den Bedingungen der Geschichte präsent. Doch sollen im folgenden drei Momente des Glaubens besonders hervorgehoben werden.

Glaube als Standfassen in Gott

Im Glauben nehme ich das unbedingte Ja, das Gott in Jesus Christus zu mir gesprochen hat, an und darf aus dieser Grundbejahung heraus leben. Da Christus mich in seine Beziehung zum Vater hineingenommen hat, habe ich gewissermaßen einen „Ort", an dem ich unter allen Umständen zuhause bin. Mag auch alles in mir und um mich herum zusammenbrechen, ich bin geborgen in Gott. Aus dem Wissen, einen festen Lebensgrund zu haben, resultiert eine letzte Freiheit, Gelöstheit und Getröstetheit, die sich vielleicht am radikalsten in den Worten der hl. Theresia von Avila ausspricht, die sie, auf einem Zettel geschrieben, stets in ihrem Brevier aufbewahrte:

„Nichts soll dich verwirren,
nichts dich erschrecken,
alles vergeht.
Gott ändert sich nicht.
Die Geduld erreicht alles.
Wer Gott hat,
dem fehlt nichts:
Gott allein genügt."

Wer in Gott Stand gefaßt hat, braucht keine Angst zu haben; er weiß, daß er nicht „den Kürzeren zieht", da er in Gott alles besitzt.
Wer auf dem Grund des Glaubens steht, kann sich auch selbst annehmen; er „braucht sich nicht mehr krampfhaft und vergeblich darum bemühen, seine Identität zu gewinnen und sein Selbst zu sichern, indem er sich mit einer Stützmauer und mit einem

Schutzwall von Leistungen, Erfolgen, Gewinnen und Gütern, Emblemen und Bewunderern umgibt. Er braucht es nicht, steht er doch in einer absoluten Gunst"[83].

Glaube als neues Verhältnis zu Schuld und Sünde

Auch der Erlöste sündigt noch. Weil das neue Leben in Jesus Christus etwas Anfanghaftes ist, wie ein Keim, der erst noch wachsen und sich gegen die – obzwar grundsätzlich besiegten, aber dennoch wirksamen – Mächte des Bösen durchsetzen muß, wird auch der Jünger Christi vom Sog des Dunklen, Nichtigen und Widergöttlichen erfaßt und mitgerissen. Dennoch ist deswegen nicht alles „beim Alten" geblieben, so als ob keine Erlösung stattgefunden hätte. Wer aus der Gabe des Glaubens heraus lebt, hat ein anderes, neues Verhältnis zu Schuld und Sünde.
Er hat ein anderes Verhältnis zur *eigenen* Schuld und Sünde. Statt rückwärts zu starren und über das Vergangene zu sinnieren: Bin ich wirklich schuldig? Wieweit bin ich schuldig?, und dabei womöglich nur subtile Selbstverteidigungsspiele vor sich selbst zu inszenieren, drängt der Glaube dazu, das Vergangene der barmherzigen Liebe Gottes zu überlassen und aus der geschehenen Sünde und Schuld „etwas zu machen"; sie nämlich umzuwandeln in eine größere Liebe und Hinwendung zu Gott und zum Nächsten. Auch die Sünde kann zum „Sprungbrett" werden, um neu und intensiver den Weg der Nachfolge zu gehen. „Etiam peccata" = „Auch die Sünden": Dieses Augustinus-Wort steht als Motto über dem „Seidenen Schuh" von Paul Claudel und findet hier seine konkrete Ausführung: auch die Sünde kann zu einem Mittel werden, sich aus der Erfahrung der eigenen Unzulänglichkeit heraus der schöpferischen Liebe Gottes und seiner Zukunft anzuvertrauen. Der Glaubende weiß: „Gott schreibt gerade auch auf krummen Zeilen" (so lautet ein weiteres Motto des „Seidenen Schuhs").

[83] H. Kessler, Erlösung als Befreiung, Düsseldorf 1972, 89.

Wer glaubt, hat auch ein anderes Verhältnis zu Schuld und Sünde *der anderen*. Wer glaubt, den läßt es nicht in Ruhe, in immer neuen Versuchen das allen Menschen, gerade auch den Sündern geltende, vorbehaltlose Ja Gottes nachzusprechen; er sieht sich mit dem Schriftwort konfrontiert: „Vergebt einander, wenn jemand sich über den anderen zu beklagen hat; wie der Herr euch vergeben hat, so sollt auch ihr tun" (Kol 3,13). Wem selbst die Schuld erlassen ist, kann und darf auch den Bruder nicht auf seine Vergangenheit festlegen mit jenen unguten Etikettierungen, die so leicht über die Zunge gehen: „Man weiß ja, was das für einer ist..."; „Das ist der, der immer so handelt...!" Indem der Glaubende Vergebung und Nachsicht schenkt, wird der Schuldiggewordene nicht auf sein Versagen festgelegt, ihm wird vielmehr die Möglichkeit eröffnet, anders zu werden. Wer dagegen mit seinem Mitmenschen „fertig" ist, weil dieser sich vergangen hat, *macht* ihn im Grunde „fertig". Die Festlegung auf das Geschehene nimmt diesem alle Chancen und Zukunftsmöglichkeiten. Solche Haltung „tötet" den anderen bei lebendigem Leib. Aus der Haltung der Vergebung handeln, bedeutet dagegen Leben schenken und Zukunft eröffnen.

Gegenseitiges Vergeben und gegenseitige Annahme, auch bei Schuld und Versagen, haben eine geradezu feststellbare therapeutische Wirkung. Man darf ja nicht übersehen: Wir alle versuchen bewußt oder unbewußt, mit Fleiß und großer Energie Maskeraden und Staffagen vor uns aufzubauen, um uns vor den anderen gut darzustellen, unser Versagen zu kaschieren, unsere Fehler zu verteidigen. Gerade das aber treibt nur in einen größeren Narzißmus hinein, der seelisch krank macht und die Fähigkeit raubt, dem Anspruch der Wirklichkeit gerecht zu werden. Für diese seelische Krankheit des Ich hat Tobias Brocher einen sehr treffenden Text, das Selbstbekenntnis eines unbekannten Menschen, mitgeteilt:

„Beim bloßen Gedanken an meine Schwächen bekomme ich Panik und fürchte mich davor, mich anderen überhaupt auszusetzen. Gerade deshalb erfinde ich verzweifelt Masken, hinter denen ich mich verbergen kann: eine lässige, kluge Fassade, die

mir hilft, etwas vorzutäuschen, die mich vor dem wissenden Blick sichert, der mich erkennen würde. Dabei wäre dieser Blick gerade meine Rettung. Und ich weiß es. Wenn er verbunden wäre mit Angenommenwerden, mit *Liebe*. Das ist das einzige, das mir die Sicherheit geben würde, die ich mir selbst nicht geben kann: daß ich wirklich etwas *wert* bin.
Aber das sage ich Dir nicht. Ich wage es nicht. Ich habe Angst davor. Ich habe Angst, daß Dein Blick nicht von *Annahme und Liebe* begleitet wird. Ich fürchte, Du wirst gering von mir denken und über mich lachen – und Dein Lachen würde mich umbringen. Ich habe Angst, daß ich tief drinnen in mir selbst nichts bin, nichts wert, und daß Du das siehst und mich abweisen wirst. So spiele ich mein Spiel, mein verzweifeltes Spiel: eine sichere Fassade außen und ein zitterndes Kind innen. ...
Ich verabscheue Versteckspiel. Ehrlich! Ich verabscheue dieses oberflächliche Spiel, das ich da aufführe. Es ist ein unechtes Spiel. Ich möchte wirklich echt und spontan sein können, einfach ich selbst, aber Du mußt mir helfen. Du mußt Deine Hand ausstrecken, selbst wenn es gerade das Letzte zu sein scheint, was ich mir wünsche. ...
Jedesmal, wenn Du freundlich und sanft bist und mir Mut machst, jedesmal wenn Du mich zu verstehen suchst, weil Du Dich wirklich um mich sorgst, bekommt mein Herz Flügel – sehr kleine Flügel, sehr brüchige Schwingen, aber Flügel! Dein Gespür, Dein Mitgefühl und die Kraft Deines Verstehens hauchen mir Leben ein. Ich möchte, daß Du das weißt. Ich möchte, daß Du weißt, wie wichtig Du für mich bist, wie sehr Du aus mir den Menschen machen kannst, der ich wirklich bin – wenn Du willst. Bitte, ich wünschte, Du wolltest es. Du allein kannst die Wand niederreißen, hinter der ich zittere. Du allein kannst mir die Maske abnehmen. Du allein kannst mich aus meiner Schattenwelt befreien, aus Angst und Unsicherheit befreien – aus meiner Einsamkeit. Übersieh mich nicht. Bitte, bitte, übergeh mich nicht!
Es wird nicht leicht für Dich sein. Die lang andauernde Überzeugung, wertlos zu sein, schafft dicke Mauern. Je näher Du mir

kommst, desto blinder schlage ich zurück. Ich wehre mich gegen das, wonach ich schreie. Aber man hat mir gesagt, daß Liebe stärker ist als jeder Schutzwall, und darin liegt meine Hoffnung. Bitte versuche diese Mauern einzureißen, mit sicheren, aber zarten Händen: ein Kind ist sehr empfindsam."[84]

Allein Vergebung, Annahme, Liebe vermögen hier zu heilen. Dazu drängt der Glaube, der das Ja Gottes in allen Dimensionen des Lebens zu verwirklichen trachtet.

Glaube als neues Umgehen mit der Welt

Das Licht des Glaubens befähigt dazu, die Welt neu zu sehen. Es ist ja auch sonst unserer Erfahrung vertraut, daß wir ein und denselben Gegenstand auf verschiedene Weise betrachten und beurteilen können. Ein oft angeführtes Beispiel dafür ist das halbgefüllte Wasserglas. Man kann dazu sagen: „Das Glas ist *schon* halb*voll*!" oder: „Es ist ja *nur* halb*leer*!" Ähnlich ist es mit der Welt. Man kann sie resigniert und pessimistisch als Raum des Greuels und der Verwüstung betrachten und entsprechend darin leben; man kann sie aber auch als Ort des Heils, ja als ein Medium der Gegenwart Gottes verstehen. Für Jesus war die Welt und alles in ihr transparent für Gott und sein Heil. Er sah in den Blumen des Feldes und in der Nahrung, welche die Vögel des Himmels finden (Mt 6,26 ff), sowie im Schein der Sonne und in den Schauern des Regens (Mt 5,45) Zeichen der Liebe und Sorge Gottes für seine Geschöpfe, ja „Sakramente" seiner Gegenwart und persönlichen Zuwendung – auch wenn er realistisch genug war, um zu wissen: Blumen verwelken, Spatzen krepieren, die unbarmherzig scheinende Sonne kann fruchtbare Gegenden in Wüsten verwandeln und der Regen kann Fundamente hinwegschwemmen (Mt 7,25). Und dennoch war für ihn die Schöpfung durchsichtig für Gott und seine Liebe. Nicht anders war es mit den Ereignissen der Geschichte, selbst da, wo sie Ausdruck der Macht des Bösen waren. So vernahm Jesus – nach der Darstel-

---

[84] In: T. Brocher, Von der Schwierigkeit zu lieben, Stuttgart [8]1985, 9 ff.

lung des Lukas – die Nachricht vom Zusammenbruch eines Turmes oder von einer politischen Mordtat (Lk 13) als einen Anruf Gottes, der damit den Menschen zur Umkehr bewegen will. In der Nachfolge Jesu ist der Glaubende angehalten, sich in diese Sichtweise einzuüben. Ja, vom Kreuzesereignis her weiß der Glaubende, daß Gott, Gottes Sohn, sich auch das Böse und Tödliche der Welt zu eigen gemacht hat und sich deshalb in ihm auszudrücken weiß, nicht um das Negative zu bestätigen und zu belassen, sondern um im Durch-Tragen dessen Kraft zu brechen. Weil somit Sündenlast und Sündenfolge, Leiden und Tod zu (frei gewählten) „Prädikaten Gottes" geworden sind, gewinnt im Licht des Glaubens an den Gekreuzigten sogar das Negative der Welt einen Transparenzcharakter auf den gekreuzigten Gott hin, der sich nicht gescheut hat, den „letzten Platz" bei den Armen, Leidenden und Scheiternden einzunehmen[85].

So kann für den Glaubenden alles in der Welt transparent auf Gott hin sein, das Schöne und Gelungene, aber auch das Böse und Scheiternde: Überall ist Gott zu finden, überall vermag man ihn zu erfahren, wenn der Durch-Blick des Glaubens das „Glotzen" (Bert Brecht) auf eine scheinbar in sich geschlossene Welt ablöst. Für den Glaubenden ist darum die Welt nicht einfach nur Lebensraum zur Fristung seiner zeitlichen Existenz, sondern Begegnungsraum mit Gott. Daß diese Sicht des Glaubens auch die Art und Weise des Umgangs mit der Welt prägt, indem sie Aufmerksamkeit, Bedachtsamkeit und Verantwortlichkeit abverlangt, sei hier nur angedeutet.

So löst der Glaube, den wir unter drei Gesichtspunkten näher betrachtet haben, in vielfacher Hinsicht eine neue, auch nach außen hin erfahrbare erlöste Lebenspraxis aus.

---

[85] Genaueres zum Transparenzcharakter der Welt findet sich bei G. Greshake (Anm. 11).

b. Praxis der Hoffnung

Hoffnung auf Auferstehung

Christliche Hoffnung meint nicht eine unverbindliche Stimmung, etwa die Haltung der Lebensfreude oder den Optimismus einer grundsätzlichen Lebens- und Weltbejahung. Sie richtet sich auch nicht bloß auf die Erwartung, daß die physische Todesgrenze überwunden wird. Hoffnung bedeutet vielmehr eine neue Prägung der ganzen Existenz, die durch die Verheißung der Auferstehung, welche mit der Gabe der Erlösung aufs engste verbunden ist (S. 100), aus einem Raum-Zeit-begrenzten Dasein herausgerissen und in eine nicht endende Zukunft der Communio mit Gott eingewiesen ist. Wer nicht auf Auferstehung hofft und sich infolgedessen mit der Immanenz und Beschränkung irdischen Lebens begnügen muß, kann nach Paulus eigentlich nur sprechen: „Laßt uns essen und trinken, morgen sind wir tot" (1 Kor 15,32). Denn will der Mensch angesichts seiner Endlichkeit nicht resignieren, muß er versuchen, in der ihm verbleibenden Zeit seinem begrenzten Dasein soviel Leben wie nur möglich abzuringen. Aber diese verzweifelte Jagd nach soviel Leben, wie irgend erreichbar, hat die existentielle Situation der Angst zur Folge, der Angst davor nämlich, daß es doch immer noch zu wenig Leben ist und daß der Tod zu früh kommt, bevor man seinen Lebenshunger gestillt und sich selbst – wie man heute sagt – „verwirklicht" hat.

Demgegenüber befähigt die Hoffnung, indem sie auf die verheißene Auferstehung blickt und damit von der Todesangst befreit ist, zu einem anderen Lebensmodell. Der Hoffende kann – um ein Wort von Paulus zu variieren – täglich dem Tod ins Auge schauen (1 Kor 15,31). Deshalb besitzt er die Freiheit, in seinem Handeln mutig über die durch den Tod markierte Grenze hinauszugreifen. „Christen haben Angst vor einem Sterben *nach* dem Tod, fürchten aber inzwischen den Tod nicht", sagt kurz und prägnant Minucius Felix (Oct. 8,5). Darum können die Glaubenden auch unter den Bedingungen der Anfechtung, des

Leidens und irdischen Scheiterns kompromißlos das Rechte und Gute tun, die Wahrheit bezeugen und aktive Solidarität mit den Leidenden und Chancenlosen üben, ohne von der Angst umgetrieben zu werden, selbst dabei zu kurz zu kommen. Auf dieser Linie ruft der Hebräerbrief (10,33) den Christen zu: „Ihr seid entweder selbst vor aller Welt beschimpft und gequält worden, oder ihr habt euch mit betreffen lassen vom Geschick derer, denen es so erging: ihr habt mit den Gefangenen gelitten und auch den Verlust eures Vermögens freudig hingenommen. Denn ihr wußtet, daß ihr einen besseren Besitz habt, der euch bleibt." Die Hoffnung blickt auf einen Besitz, der bleibt! Deshalb braucht der Hoffende nicht wie gebannt auf die irdisch-immanenten Konsequenzen seines Tuns zu schauen, sondern er kann sich, ohne Angst „draufzuzahlen", einfach vom Guten, Wahren und Richtigen in Anspruch nehmen lassen. So gesehen, ist „die Auferstehung die Wurzel allen guten Handelns", wie Cyrill von Jerusalem sagt (cat. 18,1).

Zeigt nicht auch heute die Erlösung ihre befreiende Auswirkung in der Kraft der Hoffnung (und hätte dies nicht noch viel mehr zu geschehen)? Auch heute bestimmen Skepsis, Rat- und Perspektivenlosigkeit die Szene in unseren Ländern. Die Parole „no future" wird als ein Kennzeichen (bestimmter Kreise) der jungen Generation angesehen. Und ist nicht auch heute die zwar oft tief verborgene, doch wirkmächtige verzweifelte Angst da, daß das Leben sich eigentlich nicht lohnt, bzw. daß man ihm, damit es sich überhaupt lohnt, möglichst viel Leben um jeden Preis abtrotzen muß? Wird aber gerade dadurch die geheime, oft verdrängte Angst nicht immer größer, daß das so ergriffene Leben immer noch „zu wenig" und der Kampf gegen Tod, Sinnleere und Nichtigkeit trotz aller Gegenwehr schon verloren ist? Auf dieser Linie formuliert auch das II. Vatikanische Konzil: „Angesichts des Todes wird das Rätsel des menschlichen Daseins am größten." Der Mensch wehrt sich gegen den Tod. Aber „alle Maßnahmen gegen ihn ... können die Angst des Menschen nicht beschwichtigen" (GS 18). Im Hinblick darauf ist die christliche

Hoffnung, die auf eine nichtendende Zukunft des Lebens setzt, gerade heute die wohl wichtigste „Darstellungsform" und „Verwirklichung" der Erlösung.

Verwirklichung der Hoffnung in Vergangenheit und Gegenwart

Hoffnung steht schon im Neuen Testament unter zwei Gesichtspunkten. Sie ist *erstens* passiv-„wartende" Hoffnung. Damit ist gemeint, daß der Erlöste sich weigert, die Erfahrung von Sünde und Nichtigkeit, Leid und Tod, Not und Unglück als letztbestimmende Wirklichkeiten hinzunehmen, aber auch, daß er in Geduld, tröstlicher Erwartung und freudiger Gelöstheit auf die neue Welt der endgültigen Erlösung setzt. Schon diese „passive" Form der Hoffnung ist für eine glückhaft-gelingende Lebens- und Weltgestaltung nicht folgenlos. Denn sie bewahrt vor Resignation und Verzweiflung und gibt damit erst die Freiheit zu einem unverkrampften und sachlichen, geduldigen und gelassenen Leben und Handeln in und an der Welt. Hoffnung ist aber *zweitens* auch „aktiv"-handelnde Hoffnung. Im Römerbrief (8,24) schreibt Paulus: „Durch die Hoffnung sind wir gerettet." Diese kurze, ja verkürzte Formulierung bedeutet – wie die Exegese zeigt –, daß Christen „die zur Endvollendung drängende schöpferische Dynamik Gottes in sich" tragen[86]. Hoffnung ist, so gesehen, ein Ansporn, der dazu befähigt und drängt, der verheißenen Vollendung tätig entgegenzugehen und diese in der vergehenden Welt in Zeichen und Vorschein darzustellen. Der Hoffende sucht das Bestehende zu „verflüssigen" und in Richtung auf die erhoffte endgültige Zukunft der Erlösung hin in Bewegung zu setzen. So ist Hoffnung – wie Hans Kessler sagt – nicht nur eine Hoffnung „*über* Tod und Unrecht hinaus (eine Hoffnung für die Verstorbenen), sondern auch *gegen* Tod und Unrecht (eine Hoffnung für die Lebenden); und ... entläßt aus

---

[86] W. Thüsing, Der Gott der Hoffnung (Röm 15,13), in: W. Heinen – J. Schreiner (Hrsg.), Erwartung – Verheißung – Erfüllung, Würzburg 1969, 76.

sich eine dementsprechende Praxis der Auferstehung"[87]. Der vom Geist der Hoffnung Ergriffene findet sich nicht ab mit dem, was in der Welt ist und wie es in der Welt zugeht, sondern er setzt auf das, was Gott möglich ist; er löst gleichsam Prozesse neuen, heilen erlösten Lebens aus, in denen er, oder besser: in denen Christus durch ihn und mit ihm bereits jetzt einen Vorschein der erwarteten neuen Welt Gottes aufleuchten läßt.
Diesen Gedanken hat vor allem das II. Vatikanische Konzil nachdrücklich hervorgehoben: Die Christen haben die Aufgabe, ihre Hoffnung „in den Strukturen des Weltlebens auszudrücken" (LG 35). Hier soll „die Erneuerung der Welt in gewisser Weise wirklich vorausgenommen" werden (LG 48). Die irdische Geschichte ist deshalb sowohl der „Vorraum", in dem es schon jetzt „eine umrißhafte Vorstellung von der künftigen Welt" geben kann, wie auch das „Material", das der Mensch bereiten und in das kommende Reich Gottes einbringen soll (GS 38f).

Zu dieser Erneuerung der Welt unter dem Vorzeichen der Hoffnung gehört auch die Verwirklichung einer neuen Gesellschaftsordnung, einer Ordnung ohne Ungerechtigkeit, erdrückende Herrschaft und Gewalt. Die Erlösten sollen sich nicht „dieser Welt angleichen", sondern in all ihren Bereichen eine neue Gestalt hervortreten lassen (Röm 12,2): In Bruderliebe und Wahrhaftigkeit, im Einsatz für Frieden und Gerechtigkeit.

Es wäre nun gewiß ungeschichtlich gedacht, im Neuen Testament und in der Frühen Christenheit bereits die Idee einer grundsätzlichen Strukturerneuerung gesellschaftlicher Ordnungen entdecken zu wollen. Der Gedanke einer prinzipiellen Veränderbarkeit vorfindbarer Verhältnisse setzt die Entdeckung von „Geschichte" als Horizont menschlicher Existenz voraus, eine Entdeckung, die sich nicht ohne das Christentum erst allmählich in der Geistesgeschichte der Menschheit durchsetzen

---

[87] H. Kessler, Sucht den Lebenden nicht bei den Toten, Düsseldorf 1985, 369.

konnte[88]. Und doch liegt von Anfang an so etwas wie Änderung der Gesellschaftsordnung in der Konsequenz neutestamentlicher Ansätze, da hier die Verwirklichung christlichen Glaubens und christlicher Hoffnung sich nicht einfach mit spiritueller Innerlichkeit begnügt, sondern „in eine ekklesiologische und damit indirekt wenigstens auch in eine gesellschaftlich-soziale Dimension gerückt" weiß[89]. Wenn z. B. Paulus den entlaufenen Sklaven Onesimus, nachdem dieser Christ geworden war, seinem Herrn Philemon zurückschickt mit dem nachdrücklichen Hinweis: „Nicht mehr als einen Sklaven, sondern als einen geliebten Bruder" (Philm 16), so ist mit dieser neuen „Qualifikation" „auf dem Hintergrund antiker Sozialgeschichte etwas ganz und gar Neues" gegeben, zu dem sich „im Umfeld des Frühchristentums

---

[88] Das antike Denken, so wie bis heute das (außereuropäische?) mythische Denken, war am Kosmos orientiert, d. h. an einer vorgegebenen göttlichen Ordnung, innerhalb derer sich – wiederum in geordneter Weise – alles Geschehen und Werden zutrug. Geschichte war darum ihrem Wesen nach zirkulär konstituiert, sie war anakyklosis, d. h. Umschwung in immer wiederkehrenden Zyklen. Das Neue war nur scheinbar neu, es war in Wirklichkeit die Wiederkehr des Uralten. Die Bewegung der Zeit zielte auf ein Ende, das im Grunde nichts anderes als der wiedererreichte Anfang war. – Im Rahmen eines solchen zyklischen Geschichtsdenkens bedeutete die heilsgeschichtliche Konzeption des biblischen Denkens, zumal die Botschaft von der Auferstehung des Fleisches, eine schlechthinnige „Revolution". Genau so hatte es der heidnische Philosoph Celsus, der große Gesprächspartner des Origenes, formuliert: Wenn – was die Christen behaupten – Gott selbst Fleisch wird und damit das Fleisch, also die sichtbar-vorfindliche Welt, unter der Verheißung der Auferstehung und des göttlichen Lebens steht, dann bringt dieser Glaube in die Welt einen „Umsturz", weil so die ganze in sich gefügte kosmische Ordnung zusammenbricht. Dann kommt mit einem solchen Glauben etwas absolut Neues und damit eine Unruhe in die Welt, dann ist das zyklische Wesen der Geschichte und der Mythos des „Immer schon" aufgebrochen zugunsten einer anderen Sicht der Wirklichkeit, nach welcher Gott, der Ur-Neue und Neues Wirkende, die Welt in die Neuheit seines Seins und Lebens einbezieht. So liegt ein entscheidender Grundimpuls für ein geschichtliches Verständnis der Welt in der biblischen Botschaft begründet.
[89] F. Laub (Anm. 77) 72.

nichts Vergleichbares" findet, nämlich die „neutestamentliche Bruderidee, die für das Urchristentum konstitutiv war und die auf Ignorierung aller sozialen, gesellschaftlichen und ethnischen Schranken für den Bereich der Gemeinde zielte"[90]. Zwar war für Paulus wie für die gesamte Frühe Christenheit das Institut der Sklaverei eine „selbstverständliche" Vorgegebenheit der damaligen faktischen Gesellschaftsordnung, das grundsätzlich nicht in Frage gestellt wurde (wobei zum rechten Verständnis dieses „Unangetastetlassens" *auch* zu bedenken ist, daß Sklaverei in der Antike nicht jene Assoziation von Unmenschlichkeit auslöste, die *wir* auf dem Hintergrund modernen Menschenrechtsverständnisses damit verbinden)[91]. Doch wenn vom Glauben her aus dem Sklaven ein geliebter Bruder wird, „wenn dem Sklaven aufgrund der Berufung und des Erkauftseins durch Christus die gleiche Freiheit in gleicher Bindung zugesprochen wird wie dem Freien, dann wird damit die antike Institution der Sklaverei und – soweit man von einer solchen reden kann – ihre auf Unfreiheit und Ungleichheit basierende Ideologie aufgebrochen und unterlaufen"[92], dann ist in diese gesellschaftliche Institution hinein ein Unruhefaktor gesetzt, der sie – unter veränderten gesellschaftlichen und kulturellen Bedingungen – von innen her aushöhlt und zu neuen gesellschaftlichen Formen bewegt, in denen sich christlicher Glaube und christliche Hoffnung angemessener verleiblichen können.

Diese und ähnliche neutestamentliche Ansätze zu einer Neuordnung der Gesellschaft gehen in der Geschichte der Christenheit

---

[90] Laub, aaO. 92f, 18. – Und Laub fährt fort: „Die Möglichkeit, im Raum dieser Gruppen von Jesus-Gläubigen als gleichwertiger Mensch anerkannt zu sein, muß den neuen Heilsglauben für die Sklaven wohl zusätzlich attraktiv gemacht haben. Man wird hier mit einem Grund für den Zulauf aus dieser untersten sozialen Schicht der antiken Gesellschaft zum Christusglauben zu sehen haben."
[91] So kann man in Untersuchungen zur antiken Sozial- und Wirtschaftsgeschichte immer wieder darauf stoßen: „Der im antiken Sozialgefüge als Sache rangierende Sklave war im Prinzip besser gestellt gewesen als etwa der als Person geltende freie Lohnarbeiter": Laub, aaO. 40f.
[92] Laub, aaO. 66.

weiter. Freilich, die Geschichte der Kirche war (und ist!) kein strahlender Prozeß, in dem Christen der Welt das erlösende und befreiende Bild Christi aufgeprägt und sie auf das Reich Gottes hin ausgerichtet haben. Da gibt es einmal den ständigen Gegensatz zwischen der Kirche auf der einen und der sich widersetzenden Welt des Bösen auf der anderen Seite. Da gibt es zum anderen – und vor allem! – sehr viel Schuld, Sünde und Versagen der Christen selbst, die ihrem eigenen Programm untreu wurden (und werden!). Doch wer einfach behauptet, es habe sich seit Christus und von ihm her gar nichts geändert und die Rede von einer geschehenden Erlösung sei schlechterdings unsinnig oder wenigstens erfahrungsleer, verkennt die historische Sachlage.
Viele Faktoren unserer gesellschaftlichen Welt, die heute absolut selbstverständlich sind, so selbstverständlich, daß sie kaum hinterfragt werden, haben ihren Ursprung in christlichen Impulsen; sie verdanken sich – anders gesagt – der Kraft des Erlösungsgeschehens. Solche Faktoren sind z. B. die Einstellung zur handwerklich-körperlichen Arbeit und zu ihrer Bedeutung für das menschliche Leben. Während körperliche Arbeit in der ganzen Antike, zumal innerhalb der von Platonismus und Gnosis beeinflußten Atmosphäre, weithin verpönt war und darum eine Sache für Sklaven, bringt das Christentum ein neues Ethos für das arbeitende Umgehen mit der materiellen Welt. Gerade weil Leib und Materie unter dem Vorzeichen der Hoffnung stehen („Auferstehung des Fleisches"), ist ein arbeitendes Umgehen mit der Welt, ein Sich-Verwirklichen „im Fleisch" nicht nur sinnvoll, sondern geradezu gefordert, es ist ein Medium christlicher Hoffnungspraxis.
Die christliche Hoffnungspraxis zeigt sich auch im nachdrücklichen Willen zur Weltgestaltung, vor allem in der Schaffung eines weitgespannten Sozialwesens. Beschränkte sich – sieht man vom Institut der Armenfürsorge und -speisung ab – das „Sozialwesen" der Antike zumeist auf den familiären Raum und war es hier vor allem auf reiche Familien beschränkt (Ärzte waren ohnehin den Reichen vorbehalten, Kranken- und Pflegehäuser kannte man nicht), so weitete sich schon in der frühen Christenheit der

Blick auf die umfassenden sozialen Nöte und Bedürfnisse der Menschen (siehe S. 134). Es sind vor allem Härtefälle, alleinstehende Personen ohne Verwandtschaft, Vertriebene, Gestrandete, die von den Gemeinden unterhalten werden. Diese Sorge für die Notleidenden war so zwingend mit der Zugehörigkeit zur christlichen Gemeinde verbunden, daß in einigen Kirchen die Taufbewerber offiziell gefragt wurden: „Haben sie den Witwen Ehre erwiesen? Haben sie die Kranken besucht? Haben sie alle möglichen guten Taten getan?" (Trad. Ap. 20). Diese umfassende Praxis der Hoffnung wurde in der Antike auch von Außenstehenden als das spezifisch Christliche erkannt und anerkannt.

Die Hoffnungspraxis ging weiter in der Geschichte der Christenheit. Die ersten Hospitäler und Pflegeheime entstanden im Raum des christlichen Glaubens und aus christlicher Verantwortung; die ersten Pflege-„Organisationen" waren religiöse Gemeinschaften; die ersten, die sich durch Gründung entsprechender Institutionen der erheblich Behinderten (Geisteskranken, Aussätzigen) annahmen, waren exemplarische Christen.

Auch das, was heute Menschenrechte genannt wird, wozu vor allem die Ideale der Französischen Revolution: Freiheit, Gleichheit, Brüderlichkeit zählen, hat seinen näheren Ursprung[93] in

---

[93] Die Einschränkung vom „näheren Ursprung" ist deshalb gemacht, weil die Menschenrechte bereits in der alttestamentlichen Heilsgeschichte entdeckt wurden. Selbst die *Formulierung* der Menschenrechte könnte „vom Buch Deuteronomium beeinflußt worden sein. Jedenfalls legen das die zahlreichen inhaltlichen Übereinstimmungen und die gute Schriftkenntnis der Gesellschaftstheoretiker des 17. und 18. Jahrhunderts, von denen die klassischen Kataloge der Menschenrechte stammen, nahe": G. Braulik, Das Deuteronomium und die Menschenrechte, in: ThQ 166 (1986) 9. Im Deuteronomium sind die Menschenrechte „Teil einer Befreiung, in der Gott seinem Volk eine gerechte Sozialordnung gibt und dadurch Recht schafft" (ebd. 23). Dieses Recht-Schaffen, das sich in einer guten Ordnung des Zusammenlebens konkretisiert, findet nach christlicher Überzeugung seine Weiterführung in der Kirche als der neuen Gesellschaft der Erlösten. Hier „kann wahrhaft menschlich gelebt, können ‚Menschenrechte' überhaupt erst recht in den Blick

Impulsen des christlichen Glaubens, der – paradoxerweise und nicht ohne Schuld der Christen – seine eigenen Gehalte in den neuzeitlichen Bewegungen nicht wiederzuerkennen vermochte.

Diese Hinweise mögen genügen, um zu zeigen: Die Welt ist nicht einfach die gleiche geblieben. Die Erlösung vom Bösen, die Hoffnung auf das kommende Reich Gottes, die Kraft des Heiligen Geistes haben Prozesse ausgelöst – gewiß nicht deutlich und stark genug, gewiß durchsetzt mit neuer Schuld und neuer Verstrickung in vielerlei Ambivalenzen –, die Welt zu verändern. Überall da, wo erlöste Menschen sich hoffend und wagend für das Glück anderer einsetzen, ungerechte Strukturen verändern, unmenschliche Verhältnisse beseitigen, stellen sie das Geschenk der Erlösung dar und lassen der Welt einen Vorschein jenes Lichtes aufleuchten, das Gott einmal in Fülle bringen wird. Anders gesagt: Sie erlösen ein Stück weit die Welt aus der Kraft der ihnen geschenkten Erlösung.
Daß all dies nicht nur nostalgische Vergangenheitsschau, sondern Herausforderung für das konkrete Hier und Heute bedeutet, kann nicht nachdrücklich genug betont werden. In einer Zeit, wo unmenschliche Verhältnisse und Strukturen durch die Allgegenwart der Medien wie noch nie zuvor überall bekannt werden, kann für den Hoffenden der kategorische Imperativ nur lauten, sich in dem Gesellschaft und Welt bestimmenden Kräftespiel, soweit es seine Fähigkeiten und Möglichkeiten zulassen,

kommen. Wenn die Aufklärung trotz ihrer guten Schriftkenntnis das wahre Wesen des Menschen und seine Rechte gerade in Opposition zur ‚christlichen' Gesellschaft entwickelt hat, dann vor allem deshalb, weil diese sogenannten ‚christlichen Gesellschaften' zumindest in ihren Strukturen de facto weithin unchristlich und damit auch unmenschlich waren und die Menschenrechte unterdrückten. Trotzdem trugen sie das Biblisch-Christliche als Ideologie weiter. Es war also bekannt, mußte aber gerade im Namen des wahren Menschen als unmenschlich bekämpft werden. So wurde die autonome Natur des Menschen für die Aufklärung zum Ansatzpunkt für das, was man zwar aus der Bibel, aber gerade gegen die sie vereinnahmende christliche Gesellschaft als Menschenrechte formulierte" (ebd. 24).

zu engagieren und hier in tätiger Praxis die Hoffnung auf das Reich Gottes aufzurichten.

In diesem Zusammenhang sagte Papst Johannes Paul II. bei seinem ersten Deutschlandbesuch in Fulda: „Wenn in dieser Welt das Evangelium Sauerteig sein soll, der das Mehl der irdischen Wirklichkeit durchdringt, ... dann braucht es das Eingehen auf neue Entwicklungen und Sachlagen. Wie gegenwärtig ist das Christentum in Ihrem Land, um nur einige Beispiele zu nennen, in der Literatur, im Theater, in der Kunst von heute? Wie präsent sind Kirche und Christen im Bereich von Presse, Funk und Fernsehen? Gibt es einen überzeugenden christlichen Beitrag im bislang ungewohnten Miteinander von Ausländern und Deutschen in Ihren Großstädten, in Ihren Betrieben? Wie selbstverständlich ist für Sie die Zusammengehörigkeit der unterschiedlichen Völker und Kulturen in der einen Welt? Wie ernsthaft engagieren Sie sich für die bedrängenden Fragen von Energie und Umwelt?"[94]

Es können in Frageform noch weitere Herausforderungen angefügt werden: Wie präsent sind die Christen in den politischen Entscheidungsgremien, in Parteien, Gewerkschaften, diplomatischem Dienst, in den Chefetagen der Wirtschaftskonzerne und den Institutionen der Entwicklungshilfe, kurz: überall da, wo über das Wohl und Wehe der Gesellschaft von heute und morgen entschieden wird?

Doch auch der eher private Bereich menschlichen Miteinanders wartet darauf, vom Vorzeichen christlicher Hoffnung geprägt zu werden. Die katastrophale Reduzierung des Familienlebens auf eine Zweier- oder Dreierbeziehung mit ihrer spezifischen Anfälligkeit, die fehlende Nestwärme für so viele Kinder und Jugendliche, die Einsamkeit unzähliger Menschen, die Anonymität der Beziehungen trotz engstem Beieinanderwohnens und -arbeitens, das Abschieben der Nichtleistungsfähigen in Pflege- und Alten-

---

[94] Papst Johannes Paul II., Ansprache an das Zentralkomitee der deutschen Katholiken, 18.11.1980, in: Predigten und Ansprachen von Papst Johannes Paul II. bei seinem Pastoralbesuch in Deutschland, hrg. v. Sekretariat der Deutschen Bischofskonferenz, Bonn o. J. 148.

heime, die Technisierung der Krankenfürsorge und vieles, vieles andere mehr ist für den, der hoffend dem Reich Gottes entgegengeht, eine Herausforderung ersten Ranges. Hier sind jedem Christen Aufgaben gestellt, die Hoffnung auf Auferstehung, auf die Vollgestalt der Erlösung, durch eine Erneuerungspraxis im Hier und Heute der Welt zu „verleiblichen" und dadurch Erlösung zu „verwirklichen".

c. Praxis der Liebe

Es wird wohl niemand auf die Idee kommen zu sagen: Die Christen sind auf Grund ihrer vom Heiligen Geist geschenkten Befähigung zur Liebe die einzigen, die perfekt und beispielhaft lieben können. Oft ist das genaue Gegenteil der Fall. Nicht selten sind es gerade die Nichtgläubigen und sogenannten „Abständigen", die religiös Indifferenten oder gar kämpferischen Atheisten, welche in ihrer Liebesfähigkeit und Liebeskraft die Gläubigen zutiefst beschämen. Gottes Heiliger Geist, der die Liebe ist und zur Liebe antreibt, läßt sich weder auf den Raum der christlichen Kirche noch auf den der Religionen begrenzen. Dies muß klar, eindeutig und ohne Einschränkung allen diesbezüglichen Erörterungen vorangestellt werden. Doch läßt sich auch in einer distanziert-geschichtlichen Betrachtungsweise nicht verkennen, daß mit dem Christentum eine unglaubliche Sensibilität für helfende, befreiende und liebende Hinwendung zum Mitmenschen sowie ein entsprechender „Energieschub" in die Welt gekommen sind.

Schon das frühchristliche Gemeindeleben stellte sich, orientiert am Lebensmodell Jesu, von Anfang an unter die Imperative „Füreinander, Miteinander, Gegenseitig".

Gerhard Lohfink hat eine (unvollständige) Liste von neutestamentlichen Formulierungen zusammengestellt, die in geradezu ermüdender Monotonie die Grundstrukturen christlichen Zusammenlebens unterstreichen und aufzeigen, unter welche Maßstäbe man sich selbst stellte bzw. vom Glauben gestellt wurde:

„mit Ehrerbietung einander zuvorkommen (Röm 12,10)
Einmütigkeit untereinander suchen (Röm 12,16)
einander annehmen (Röm 15,7)
einander zurechtweisen (Röm 15,14)
einander mit heiligem Kuß grüßen (Röm 16,16)
aufeinander warten (1 Kor 11,33)
einträchtig füreinander sorgen (1 Kor 12,25)
einander in Liebe Sklavendienste leisten (Gal 5,13)
einander die Lasten tragen (Gal 6,2)
einander trösten (1 Thess 5,11)
einander erbauen (1 Thess 5,11)
in Frieden miteinander leben (2 Thess 5,13)
einander Gutes tun (1 Thess 5,15)
einander in Liebe ertragen (Eph 4,2)
gütig und barmherzig zueinander sein (Eph 4,32)
sich einander unterordnen (Eph 5,21)
einander verzeihen (Kol 3,13)
einander die Sünden bekennen (Jak 5,16)
füreinander beten (Jak 5,16)
einander von Herzen lieben (1 Petr 1,22)
gastfreundlich zueinander sein (1 Petr 4,9)
einander in Demut begegnen (1 Petr 5,5)
miteinander Gemeinschaft haben (1 Joh 1,7)"[95]

Dieses Modell menschlichen Zusammenlebens unter der Devise des Füreinander verblieb nicht im Binnenraum der Gemeinde, sondern stellte sich werbend der Öffentlichkeit dar. Als neuer Maßstab des Humanum wurde es sogleich von seiten der gesellschaftlichen Umwelt registriert – staunend, ablehnend oder zynisch-spottend, in jedem Fall aber anerkennend, daß hier etwas Neues, bis dahin Unerhörtes geschah.

Von vielen konkreten Formen christlicher Liebe war bereits unter den Abschnitten „Kirche als Ur-Darstellung der Erlö-

---

[95] G. Lohfink, Wie hat Jesus Gemeinde gewollt? Freiburg – Basel – Wien 1982, 116f.

sung" und „Praxis des Glaubens" sowie „Praxis der Hoffnung" die Rede. Ergänzend sei hier nur pauschal darauf hingewiesen, daß mit der unauflöslichen Klammer von Gottes- und Nächstenliebe und der Aufforderung, die Feinde dabei nicht aus-, sondern einzuschließen, neue Orientierungsmaßstäbe für das mitmenschliche Verhalten gesetzt wurden, die sich auch in einer neuen (profan-)gesellschaftlichen Praxis darstellten und kulturgeschichtliche Auswirkungen hatten. So waren Konstantin und seine Nachfolger die ersten, welche bestimmte Folterungen und Strafen verboten mit der Begründung, der Mensch sei Bild Gottes und Bruder Jesu Christi. Gegen den Niedergang der Ehe- und Sexualmoral im spätrömischen Reich wurde ein neuer Anfang gesetzt: Unter den Christen und einer christlich bestimmten Gesetzgebung wurde die Ehe (auch unter Sklaven) heilig gehalten und gefördert. Gegen Klassenprivilegien und -grenzen wurde mehr und mehr die Brüderlichkeit und Gleichheit aller Menschen entdeckt (vgl. S. 150f). Geschichtlich gesehen, ist die Sensibilität für personale Liebe im christlichen Raum gewachsen. Die philosophische Grundfigur personalen Denkens („Personalismus") ist nicht denkbar ohne das Christentum. Von hier aus hat dieses Denken, gelegentlich in säkularisierter Form, die übrige Menschheitsgeschichte „infiziert". Doch ist der Sinn für die Einzigartigkeit und personale Würde jedes Menschen bis heute längst nicht in allen nichtchristlichen Kulturen selbstverständliche Überzeugung und Praxis.

Um es noch einmal zu betonen: Christen waren die ersten, die gegen ihr eigenes Programm und ihre eigenen Maßstäbe gehandelt haben und es immer noch tun. Und doch „transportieren" sie gleichsam in ihrem Erlösungsglauben das Modell „Liebe" als Verwirklichung wahren Menschseins durch die Geschichte hindurch. Sie tun es „im Wissen und in der Scham, daß durch die Kirche unendlich viel Streit, Angst, Unversöhnlichkeit und ökologische Verantwortungslosigkeit in die Welt gekommen ist, so, als sei durch das Kommen Jesu nichts Neues entstanden"[96].

[96] D. Ritschl, Christologie (6.), in: EKL ³1986 I, 739.

Das Neue aber ist dies: Wer aus der vom Heiligen Geist geschenkten Liebe heraus lebt, resigniert nicht und zieht sich nicht narzißtisch auf sich selbst zurück, wenn er auf die Gebrochenheit des andern und dessen begrenzte Liebesfähigkeit stößt. Er wird vielmehr die in der Beziehung zum Partner aufleuchtende, Ich und Du umgreifende *unendliche* Liebe selbst lieben und im Blick auf sie wissen, daß seine Zuwendung an den anderen nicht ins Leere geht. Paul Claudel läßt im „Seidenen Schuh" Proëza zu Don Rodrigo sagen: „Du wärest bald am Ende mit mir, wenn ich nicht eins wäre mit dem, der keine Grenzen kennt." Damit ist eine spezifisch christliche Erfahrung zum Ausdruck gebracht, daß Christen in der Kraft der unendlichen Liebe zu lieben versuchen, die im Erlösungswerk gründet und von hier aus alle Menschen zu erreichen sucht.

Die Praxis solcher Liebe ist auch heute – wie am Anfang des Christentums – die überzeugendste „Verifikation" für die Wahrheit der Erlösung. Sie ist nicht Stimmung, Emotion, Schwarm, Ekstase, sondern das nicht selten mühevolle Unterfangen, aus sich selbst herauszukommen und in der Zuwendung zu Gott und zum anderen „nicht für sich selbst", sondern „communial" zu leben in den abertausend konkreten Formen, in denen Liebe sich notwendig verleiblicht: „In der Ermutigung, die hellsichtig entdeckt und bestärkt, was dadurch erst Wirklichkeit werden kann. In der Solidarität des Trostes, der vielleicht selbst ohnmächtigen Hilfe, die doch den Hilflosen nicht allein läßt. Und in der Trauer um die Verlorenen, die noch die Macht des Todes bestreitet. In der Fähigkeit, zur rechten Zeit Toleranz üben und zur rechten Zeit Ansprüche stellen zu können, den Weg zwischen Überforderung und Gleichgültigkeit, beherrschendem Veränderungswillen und resignativer Abkehr zu finden. Also auch in der Kunst des bestimmten Urteilens ohne Verurteilung des anderen, in der Hoffnung des Zutrauens, in der Annahme endgültigen Andersseins. In der zuvorkommenden Wahrnehmung, die Verschlossenheit öffnet. In der erfinderischen Gestaltung des Glücks, der Dankbarkeit miteinander, der Bitte fürein-

ander und der verläßlichen Treue. In der Selbstvergessenheit des Erbarmens, aber auch der Fähigkeit zur Mitfreude. In der Offenheit für jeden, der begegnet, und der Bereitschaft, sich auch Fremde zu Nächsten werden zu lassen."[97]
In solcher Praxis wird die Erlösung, Gottes erlösende Liebe, in der Welt gegenwärtig. Solches Tun „stellt dar" und „teilt mit", was Gott getan hat und wovon es selbst lebt: das Geschenk der Erlösung.

Was aber ist, wenn die Darstellung der Erlösung im Handeln der Erlösten so klein und so schwach ist, daß sie zwangsläufig übersehen wird? Gibt es dann nichts, woran Erlösung sich erkennen läßt?
Hierzu eine jüdische Erzählung, ein Gleichnis des chassidischen Meisters Nachman von Wratzlaw (1775–1810):
„In einem Königreich kam der Wesir mit einer schrecklichen Botschaft zu seinem König. Durch seine Weissagungskräfte hatte er erfahren, daß sich die Weizenernte des folgenden Jahres seltsam verändern würde, und wer davon äße, würde sofort verrückt. ,Was sollen wir tun?', fragte der König. Der Wesir schlug vor, daß man Weizen von diesem Jahr beiseite lege und – wenn die neue Ernte käme – allein von der alten Ernte essen und vernünftig bleiben solle. Aber der König hatte einen Einwand: ,Wenn wir die einzig vernünftigen Menschen in einer verrückten Welt sind, erscheinen wir den anderen als verrückt, und sie werden uns töten. Es gibt eine bessere Lösung. Wir wollen auch von dem neuen Weizen essen und verrückt werden. Aber bevor wir so tun, binden wir einen Knoten in unsere Kleidung, damit, wenn wir ihn sehen, wir uns erinnern und wissen, daß wir verrückt sind'."[98]
Ist es dies, was – *wenn schon gar nichts anderes mehr zu erkennen*

---

[97] Pröpper (Anm. 66) 127.
[98] Zit. nach J. Magonet, „Volk Gottes" im jüdischen Verständnis, in: H. H. Henrix (Hrsg.), Unter dem Bogen des Bundes. Beiträge aus jüdischer und christlicher Existenz, Aachen 1981, 178. Hier auch nähere Angaben zum Autor.

ist! – letztlich und endlich dann doch die Gemeinschaft derer, die den Glauben an die Erlösung bekennen, von den übrigen Menschen unterscheidet? Daß sie „einen Knoten in der Kleidung" haben, d. h. daß sie ein Zeichen – Jesus Christus und sein Evangelium – mit sich tragen, das Zeichen, welches ihnen und der Welt vorhält, daß die wahre, un-verrückbare Wirklichkeit anders ist, als der Schein der Unerlöstheit es vorgaukelt, daß nämlich die Schöpfung für immer in die Communio Gottes aufgenommen ist und Hoffnung auf Vollendung haben darf?

Aber wäre das nicht zu wenig? Muß sich Erlösung nicht deutlicher darstellen als nur durch einen „Knoten"?

Ausklang

Noch einmal: Die Kirche als Zeichen der Erlösung

Das Büchlein begann mit der Geschichte von Rabbi Menachem. Er blickte aus dem Fenster, schloß es wieder und sagte: „Da ist keine Erneuerung, keine Erlösung!" Hat er recht? Oder haben die Christen recht, wenn sie vom Geschenk geschehender Erlösung her leben und sie im Gottesdienst dankbar und freudig feiern?
Daß die Welt trotz aller Schändlichkeiten und Gemeinheiten, trotz alles Tödlichen und Dunklen erlöst ist, da sie ungeachtet alles Bösen in ihr vom Ja Gottes und seiner Verheißung des Lebens unterfangen und umgriffen ist – das kann man ihr nicht ansehen, das ist Gegenstand des Glaubens, der im Blick auf Jesus Christus seine Sicherheit erhält. Daß aber die Welt vom Erlösungsgeschehen her unterwegs ist zu einer neuen Gestalt, zur Gestalt des Reiches Gottes, zur Communio Gottes mit den Menschen und der Menschen untereinander, das sollte man sehen können, und das kann man auch im Ansatz und Zeichen sehen. Freilich hängt dies mit davon ab, ob der erlöste Mensch sich in die Bewegung des Heiligen Geistes, die ihn ergriffen hat, hineinstellt und sichtbare Funken der Erlösung in der Welt entfacht. Hier ist nicht nur der einzelne Christ gefragt – der auch! –, sondern vor allem die Kirche als Gemeinschaft der Erlösten. Sind Christengemeinden Zellen erlösten Lebens? Wird hier die Communio Gottes im Vorschein erfahrbar? Kann man im Blick auf die Gemeinden sehen, daß Erlösung Wirklichkeit wurde, auch wenn sie noch unterwegs ist zu ihrer Vollgestalt?

Aristides, ein frühchristlicher Apologet aus dem 2. Jahrhundert, schrieb zur Rechtfertigung des damals verfolgten christlichen Glaubens an den Kaiser in Rom folgende Zeilen:

„Die Christen treiben nicht Ehebruch und Unzucht, legen kein falsches Zeugnis ab, unterschlagen kein hinterlegtes Gut, begehren nicht, was nicht ihr eigen, ehren Vater und Mutter, erweisen ihrem Nächsten Gutes und richten, wenn sie Richter sind, nach Gerechtigkeit... Denen, die sie kränken, reden sie gut zu und machen sie sich zu Freunden. Den Feinden spenden sie eifrig Wohltaten...

Ihre Sklaven und Sklavinnen ... versuchen sie zu überzeugen, Christen zu werden, weil sie sie lieben. Und wenn diese Christ geworden sind, nennen sie dieselben ohne Unterschied Brüder... Sie wandeln in aller Demut und Freundlichkeit. Die Lüge wird bei ihnen nicht gefunden. Sie lieben einander...

Wer hat, gibt neidlos dem, der nicht hat. Wenn sie einen Fremdling erblicken, führen sie ihn in ihre Wohnungen und freuen sich über ihn, wie über einen wirklichen Bruder. Denn sie nennen sich nicht Brüder dem Leibe nach, sondern Brüder im Geist und in Gott...

Hören sie, daß einer von ihnen wegen des Namens ihres Christus gefangen oder bedrängt ist, so sorgen alle für seinen Bedarf und befreien ihn, wenn es möglich ist. Ist unter ihnen irgendein Armer oder Bedürftiger und haben sie nichts Überflüssiges, so fasten sie zwei bis drei Tage, damit sie den Bedürftigen ihren Bedarf an Nahrung decken. Die Gebote ihres Christus halten sie gewissenhaft, indem sie rechtschaffen und ehrbar leben, so wie der Herr, ihr Gott, ihnen befohlen hat...

Wenn jemand von ihnen aus der Welt scheidet, so freuen sie sich und danken Gott. Sie geben seinem Leichnam das Geleit, gleich als zöge er nur von einem Ort zum anderen. Das, o Kaiser, ist das Gesetz der Christen und ihre Lebensführung." (Apol. 15)

Gewiß, ein solcher Text, von denen es viele ähnliche im zweiten und dritten Jahrhundert gibt, stellt das *Ideal*bild einer Christengemeinde heraus. Dennoch ist es nicht einfach unwirklich-utopisch. Denn die frühe Christenheit hat noch gewußt und begriffen, daß Christen in dieser Richtung leben können und müssen und daß gerade *so* eine christliche Gemeinde die anfanghafte Darstellung und der Vorschein der Erlösung in der Welt ist.

Noch einmal: Rabbi Menachem sah in die Luft der Welt hinaus, schloß sogleich wieder das Fenster und sagte: „Da ist keine Erneuerung, keine Erlösung!" Dürfen wir ihm sagen: „Komm zu uns! Wir zeigen dir in unseren Gemeinden und im Leben ihrer Glieder, daß Erlösung schon Wirklichkeit ist, daß die große Communio Gottes dabei ist, sich Raum zu schaffen in dieser Welt"?

Bibliographische Hinweise

Weitere Veröffentlichungen des Autors zum Thema Erlösung:

Gnade als konkrete Freiheit. Eine Untersuchung zur Gnadenlehre des Pelagius, Mainz 1972.

Unheil – Sünde – Gnade. Bemerkungen zur gegenwärtigen theologischen Situation, in: Konturen heutiger Theologie, hrsg. v. G. Bitter u. G. Miller, München 1976, 192–202.

Geschenkte Freiheit. Einführung in die Gnadenlehre, Freiburg – Basel – Wien 1977 (^{3}1986).

Signale des Glaubens. Gnade neu bedacht, Freiburg – Basel – Wien 1980.

Tod und Auferstehung, in: Christlicher Glaube in moderner Gesellschaft, Enzyklopädische Bibliothek, Bd. 5, Freiburg – Basel – Wien 1980 (^{2}1981).

Gottes Heil – Glück des Menschen. Theologische Perspektiven, Freiburg – Basel – Wien 1983.

Wer ist der Mensch? (gem. mit Böhm – Friedberger), Freiburg – Basel – Wien 1983.

Artikel: Gnade, in: Ökumene-Lexikon. Kirchen, Religionen, Bewegungen, Frankfurt 1983, 483–487.

Gottes Willen tun. Gehorsam und geistliche Unterscheidung, Freiburg – Basel – Wien 1984 (^{2}1987).

Gott in allen Dingen finden. Schöpfung und Gotteserfahrung, Freiburg – Basel – Wien 1986.

Resurrectio mortuorum. Zum theologischen Verständnis der leiblichen Auferstehung (gem. mit J. Kremer), Darmstadt 1986.

Antwort auf Glaubens- und Lebensfragen

Gisbert Greshake
Stärker als der Tod
Zukunft · Tod · Auferstehung · Himmel · Hölle · Fegefeuer
Topos Taschenbuch 50
9. Auflage. 96 Seiten. Kartoniert

Greshake stellt unter Beweis, daß er in einfacher, allgemeinverständlicher Sprache ohne Verzicht auf Substanz ein schwieriges Kapitel der Theologie verständlich machen kann. Was früher als Lehre von den letzten Dingen entwickelt wurde, übersetzt er unter den Leitgedanken „Zukunft und Hoffnung" und „Das Problem des Todes", um schließlich rückwärtsgewendet zur Rede von Himmel, Hölle und Fegefeuer Stellung zu nehmen.

Bibel und Kirche

Johannes Gründel
Schuld und Versöhnung
Topos Taschenbuch 129
180 Seiten. Kartoniert

Gut und übersichtlich behandelt der Moraltheologe Johannes Gründel die Frage nach den persönlichen und sozialen Aspekten von Schuld und Versöhnung. Aus psychologischer und biblischer Sicht versucht er, die Begriffe des Bösen, der Schuld und der Sünde zu deuten und rundet sein Buch mit dem Thema „Umkehr und Versöhnung" ab.

Geist und Auftrag

Matthias-Grünewald-Verlag · Mainz

Eugen Drewermann / Michael Helfer / Günter Höver
Freispruch für Kain?
Über den Umgang mit Schuld
Reihe: Kontakte
Topos Taschenbuch 158
108 Seiten. Kartoniert

Schuld ist ein Phänomen, das den Menschen sowohl in der Geschichte wie auch in seinem persönlichen Leben wesentlich begleitet. Der Umgang mit dieser Schuld war das Anliegen der ZDF-Sendung „Kontakte" im Januar 1986. Vertiefend dazu liegt dieses Buch vor, das neben dem Drehbuch ein biblisch begründetes Referat über das Böse und das Schuldigwerden aus Angst und einen Aufsatz über die Beichte als christliche Form der Schuldbewältigung und der Versöhnung mit Gott enthält.

das neue buch

Gregor A. Heussen / Gerhard Müller u. a.
Wieviel Hoffnung braucht der Mensch?
Über den Sinn von Enttäuschungen
Reihe: Kontakte
Topos Taschenbuch 159
120 Seiten. Kartoniert

Das Buch behandelt die Frage nach dem Umgang mit den täglichen, persönlichen Enttäuschungen – vernichten sie uns und unsere Hoffnungen langsam, aber sicher, oder gelingt es uns, auch Positives daraus zu schöpfen? Ein Filmemacher, zwei Lebensberater der katholischen Glaubensinformation und schließlich ein Ehepaar beschreiben ihre Erfahrungen und versuchen, eine Antwort zu geben.

Matthias-Grünewald-Verlag · Mainz